ÉDIPO REI DE SÓFOCLES

Coleção Signos	Dirigida por Augusto de Campos
Supervisão editorial	J. Guinsburg
Revisão	Trajano Vieira
Capa e projeto gráfico	Adriana Garcia
Produção	Ricardo W. Neves e Sergio Kon

Trajano Vieira

ÉDIPO REI DE SÓFOCLES

apresentação
j. guinsburg

Dados Internacionais de Catalogação na Publicação (CIP)
(Câmara Brasileira do Livro, SP, Brasil)

Vieira, Trajano
   Édipo Rei de Sófocles / Trajano Vieira: apresentação J. Guinsburg.
— 3. ed. — São Paulo : Perspectiva, 2016. — (Signos ; 31)

ISBN 978-85-273-0263-0

1. Sófocles, apr. 496-406 A.C. Édipo Rei – Crítica e interpretação
2. Teatro grego (Tragédia) – História e crítica I. Guinsburg, J. II. Título
III. Série

01-3465   CDD- 882.0109

Índices para catálogo sistemático:
1. Grécia Antiga : Tragédia : História e crítica :
   Literatura   882.0109
2. Tragédia : História e crítica : Teatro :
   Literatura grega antiga   882.0109

3ª edição
[PPD]

Direitos reservados à
EDITORA PERSPECTIVA LTDA.

Av. Brigadeiro Luís Antônio, 3025
01401-000 São Paulo SP Brasil
Telefax: (011) 3885-8388
www.editoraperspectiva.com.br

2019

Para Gaio Hungria

Sobre ele impende a Esfinge,
armada de unhas e dentes
e de todo o agrume da vida.
Édipo tombou ao seu primeiro bote:
esse porte e esse modo de falar,
sua fantasia nunca os figurara antes!
Embora o monstro no peito de Édipo
calcasse as duas patas dianteiras,
ele se recobra e desteme-o:
guarda a chave do enigma e sabe da vitória.
De alegria, porém, nenhum traço festivo,
nos olhos turvos de melancolia.

Do *Édipo* de Konstantinos Kaváfis
Transcriação: Haroldo de Campos

Agradecimentos

A Haroldo de Campos, pela generosidade com que leu as diferentes versões da tradução e propôs numerosas soluções poéticas.

A Jacó Guinsburg, que comentou comigo várias partes do trabalho e me auxiliou a definir o projeto do livro.

A Luciana Suzuki e Gaio Hungria, que me ajudaram a repensar diversos trechos do traslado.

ÍNDICE

13
Édipo Rei: Uma Peça de Teatro – J. Guinsburg

17
Entre a Razão e o *Daímon*

39
Édipo Rei

163
Mosaico Hermenêutico

183
Cronologia

ILUSTRAÇÕES

37
Máscaras Teatrais

113
Máscara Dionisíaca de Bronze

161
Édipo Rei na Cena Moderna Alemã

187
Cena de *Édipo Rei* no Teatro
Nacional Grego

ÉDIPO REI:
UMA PEÇA DE TEATRO

J. Guinsburg

Quando se fala em tragédia grega, três peças ocorrem de pronto ao espírito: *Édipo Rei*, *Antígone* e *As Bacantes*. Não que outras obras deste repertório clássico sejam menos relevantes. Mas, independentemente do que se perdeu para sempre nos desastres das transmissões históricas deste acervo, e foi a quase totalidade de uma vasta produção da qual sobraram apenas trinta e um textos, o fato é que, mesmo as fontes antigas e os documentos arqueológicos do teatro helênico apontam para a eminência destas peças, inclusive em seu contexto original. E, mais especificamente, para o lugar privilegiado que a tragédia escrita por Sófocles gozava nos anfiteatros gregos, helenísticos e romanos.

A pergunta que ocorre imediatamente, pondo-se de lado as considerações sobre os significados filosóficos, poéticos, sócio-políticos, antropológicos, psicanalíticos, religiosos e históricos de *Édipo Rei*, os quais têm sido objeto do debate crítico e da hermenêutica literária especializada ao longo destes últimos dois milênios e meio, é o torna esta dramatização de mito concebida para o teatro de um dado tempo, de um público, de uma mentalidade, de um imaginário e de um padrão cultural determinados, uma peça visível e receptível no palco de sucessivas épocas, até os nossos dias, com tudo o que estas envolvem em termos de transformações nos modos de existência das sociedades, nos valores e nos paradigmas intelectuais.

A resposta pode ir muito longe, percorrendo uma vasta diversidade de circunstâncias e fatores realmente operantes e significativos. Mas, não obstante isso, e ainda que sejam de enorme ou mesmo de vital importância para a compreensão e avaliação da obra-prima sofocliana, não se deveria omitir um elemento que, no caso, em se tratando de uma arte do drama e de uma arte da cena, é integrante essencial da função dramática, mesmo que por vezes permaneça oculto na sua modéstia de simples articulador operacional.

A referência é sem dúvida ao elemento que a moderna análise crítica designa por teatralidade. Sem ela, cabe pensar que nenhuma obra que pretenda ser de teatro pode pisar por longo tempo o tablado. E, de fato, se se tomar sob este ângulo o *Édipo Rei*, ver-se-á que uma de suas principais virtudes, não apenas enquanto lido como texto na intimidade de um leitor, mas quando visto como espetáculo na comunhão de uma plateia, é a sua extrema eficácia cênica, a despeito da singeleza ou, às vezes, até de sua carência de recursos mais elaborados na sua construção teatral. E a questão não se restringe à força ou ao brilho de seu verbo na exposição dialógica de seu sujet, na figuração caracterizadora de suas personagens, na urdição dramatológica de seu enredo e na dialetização enunciadora de sua reflexão, embora estes fatores sejam necessariamente intrínsecos à sua qualidade teatral. Isto, ainda que muito pouco seja consumado efetivamente no palco, pois todos os atos de relevância decisiva cuja realização trança a rede fatídica, convertendo o sujeito da ação em seu objeto, são apresentados em forma de relatos. Mas a sucessão ininterrupta pela qual são vencidos os espaços temporais nos fatos narrados que motivam a atuação do protagonista, o qual, na verdade, com exceção de um único momento, não sai de cena no decurso de toda a ação, intensificando-a a cada novo acréscimo aos dados de sua investigação até o desenlace final – esta sucessão constitui um procedimento que prende os olhos do espectador, não menos do que o seu espírito, ao que o ator lhe narra com a sua interpretação, isto é, na incorporação dramática que um e outro fazem do texto, na cumplicidade física da emissão e da recepção no teatro.

E falar do poder cênico deste texto, de sua performance em um teatro em ato, é, aqui, no Brasil, considerá-lo sobretudo em português, quer dizer, em uma tradução e no que ela se mostra capaz não só de restituir, como de vivificar, quando colocada nos lábios de um ator que se exprime nesta língua e que deve fazer falar o seu gesto, a sua linguagem representativa neste mesmo idioma, sem perder a relação com a fala de origem, no caso o grego.

E tal é justamente uma das preocupações fundamentais de Trajano Vieira na sua, pode-se afirmar com legitimidade, "transcriação" da peça de Sófocles. À primeira vista verifica-se que um dos principais intentos de seu projeto tradutório e estético é grecizar concretamente, com todos os recursos de uma poética moderna, a rearticulação vernacular de *Édipo Rei*. Mas não somente isto, como dar pelo léxico utilizado às metáforas e a todos os provedores linguísticos e estilísticos do desempenho interpretante, a força imagística, mítica e dramática, que fazem deste verbo trágico uma representação de ação e uma ação representada. Os demais elementos, naturalmente, correm por conta do imaginário projetado e da interpretação que o diretor e os atores, em conjunto com os demais criadores cênicos, darão às matrizes que aí serão colhidas para definir o espetáculo. Mas é certo que estas matrizes aqui se apresentam numa versão na qual não apenas a gente sente como vê materializado, por suas palavras, as fúrias e a arte da tragédia grega.

ENTRE A RAZÃO E O *DAÍMON*

> *o oráculo*
> *em Delfos*
> *não fala*
> *nem cala*
>   *assigna*
>
> Heráclito (trad. Haroldo de Campos)

Aristóteles considerava o *Édipo Rei* a maior tragédia do teatro grego, opinião atualmente aceita de um modo geral, apesar de a peça não ter passado de um segundo lugar no concurso em que foi originalmente apresentada em Atenas, derrotada por um drama do hoje obscuro Filocles. O filósofo elogia aspectos estruturais da obra, como a coincidência entre a reviravolta da ação ("peripécia") e o reconhecimento da verdade (*anagnôrisis*), a partir do momento em que o mensageiro coríntio noticia a morte de Políbio (v. 924). É curioso observar que o autor da *Poética*, defensor da noção de verossimilhança, crítico dos elementos irracionais na poesia (*áloga*), de certo modo pratique, ao tratar do *Édipo*, a coleridgeana "suspensão da descrença" (*suspension of disbelief*). Assim, justifica o fato de Édipo desconhecer as circunstâncias da morte de Laio (vv. 112-13) com o argumento de que se trata de um episódio "fora do enredo". Ora, se fôssemos adotar com rigor os parâmetros da lógica aristotélica, concluiríamos que a "irracionalidade" não se encontra propriamente na situação da morte de Laio, mas na ignorância que Édipo revela sobre o assunto, depois de mais de uma década no comando de Tebas! Felizmente, o que prevaleceu na recepção da peça não foi a avaliação baseada em regras de verossimilhança, que levaram Voltaire a criticar duramente suas *improbabilidades*, antes de escrever seu próprio *Édipo*, no qual procurou *corrigir* incongruências do original, colocando a morte de Laio, por exemplo, a apenas quatro anos de distância no passado...

Sófocles altera bastante as versões anteriores do mito de Édipo. A mudança principal diz respeito ao deslocamento temporal dos dois episódios causadores da ruína do herói: a tragédia inicia depois da ocorrência do parricídio e do incesto. A investigação do assassinato de Laio e, num segundo momento, a indagação sobre a própria identidade, por parte de Édipo, ocupam lugar central na peça. A questão de não ser quem se pensa que é e o poder de forças enigmáticas na constituição do destino substituem o tema da maldição familiar, presente em obras anteriores. Num verso da *Ilíada* (23, 679-80), Homero diz que Édipo morreu em batalha, o que exclui a hipótese do cegamento; na *Odisseia* (11, 271-80), refere-se ao suicídio de Jocasta e ao sofrimento imposto pelas Erínias – divindades vingadoras do mundo dos mortos – à família do herói. Não menciona a mutilação do rei tebano, nem a consulta oracular. Da trilogia de Ésquilo (467 a. C.), composta de *Laio*, *Édipo* e *Sete contra Tebas*, seguida do drama satírico *Esfinge*, só restou na íntegra a terceira tragédia. Fragmentos das duas peças anteriores apresentam, contudo, dados interessantes: Pélops, cujo filho Crisipo é seduzido por Laio, leva a maldição à família de Édipo. O ato de Laio repercutirá não apenas nos crimes praticados por Édipo, como no mútuo assassinato de seus dois filhos, Polinices e Etéocles, conforme lemos em *Sete contra Tebas*. Se o cegamento de Édipo já está presente em Ésquilo, o mesmo não ocorre com a peste, tema introduzido por Sófocles, sob influência talvez da peste que assolou Atenas entre os anos 430-426 a. C., causa da morte de Péricles (429 a. C.) e do agravamento da situação na cidade, já em conflito com Esparta, um ano depois do começo da guerra do Peloponeso (431-404 a. C.).

Outra particularidade da versão sofocliana do mito de Édipo concerne ao oráculo. Em *Sete contra Tebas*, o vaticínio é proferido em tom de advertência – se Laio não tiver o filho, a cidade estará salva (740 s.) –; em Sófocles, como uma previsão inescapável – Laio encontraria a morte nas mãos de Édipo. No primeiro caso, Laio morre por desconsiderar o alerta apolíneo; no segundo, em lugar da punição, a questão central passa a ser a da previsibilidade divina.

Registre-se, quanto ao último ponto, que só na peça de Sófocles menciona-se outro oráculo, mais importante para o desenvolvimento da ação do que o de Laio: trata-se da visita de Édipo ao santuário délfico, quando ainda morador de Corinto. Nessa ocasião, fica sabendo que cometerá parricídio e incesto, informações que o levam a abandonar a cidade onde habitam os pais presumidos (Mérope e Políbio). Em lugar de um único oráculo, Sófocles apresenta três, em momentos diferentes: num passado remoto, o de Laio, citado por Jocasta; num passado mais recente, o que prevê o parricídio e o incesto, na consulta de Édipo a Delfos; no presente da ação dramática, o proferido a Creon, através do qual se esclarece o motivo da peste tebana.

Não se deve concluir, todavia, a partir das referências repetidas à manifestação oracular, que Édipo é tratado como um joguete de forças divinas. Um dos aspectos mais formidáveis da tragédia é justamente o caráter paradoxal do personagem. Será difícil encontrar na literatura outro exemplo que concentre, em igual medida, voluntarismo e fragilidade, talento intelectual e ignorância. Nossa admiração só aumenta quando nos damos conta de que a destruição do herói não é causada por traço negativo de caráter ou pelo cometimento de ato impiedoso, mas pela limitação comum ao homem, decorrente de sua incapacidade de conhecer e dominar as variáveis que configuram o destino. "O futuro é dado ou está ele na verdade em permanente construção? A crença em nossa liberdade é uma ilusão? É uma verdade que nos separa do mundo?

É a maneira pela qual nós participamos da verdade do mundo?" Essas questões, que poderiam ter sido formuladas por Édipo no desfecho da peça, são de autoria do prêmio Nobel de química Ilya Prigogine, em seu livro *La fin des certitudes*[1]. Cito-as por me parecer que Sófocles construiu, de uma perspectiva mitológica, um universo cujas indagações continuam a interessar o pensamento científico de hoje. Aliás, é o próprio Prigogine que de certo modo chama a atenção para esse fato, ao escrever:

> A questão do tempo e do determinismo não está limitada às ciências; encontra-se no coração do pensamento ocidental desde a origem do que denominamos a racionalidade e que situamos na época pré-socrática. Como conceber a criatividade humana ou como pensar a ética em um mundo determinista? Essa questão traduz uma tensão profunda no seio de nossa tradição que reivindica para si de maneira absoluta a promoção de um saber objetivo e a afirmação do ideal humanista de responsabilidade e liberdade.

Apesar de esse trecho sugerir discussões diferentes, dele podemos extrair a seguinte ideia central: a relação entre liberdade, definida pelo ato criativo, e as limitações decorrentes de estruturas pré-fixadas. De certo modo, essas são questões fundamentais do *Édipo Rei*.

Embora as abordagens da vastíssima bibliografia sobre o drama caracterizem-se pela variedade de pontos-de-vista e de fundamentos teóricos, é possível destacar duas linhas principais nessa rede de comentários: há os que privilegiam a liberdade de ação de Édipo e os que valorizam a função dos deuses na ação dramática. Como se vê, estamos aparentemente diante de um paradoxo, similar ao apresentado por Prigogine em termos de "liberdade *versus* determinismo". Os críticos que tratam da liberdade de Édipo, notam que não há, na peça, uma epifania divina, como no *Ájax*, em que Atena alucina o herói e direciona seus atos. Os que adotam a outra perspectiva, comentam que a tragédia eclode quando Édipo percebe não ser o responsável por suas próprias ações, reconhecendo a intervenção de uma potência divina em seu

---

[1]. Ilya Prigogine, *La fin des certitudes*, Paris, 1996, 9 e s.

destino. De um lado, existe a tendência de valorizar aspectos culturais da Atenas do V século de algum modo presentes no drama; de outro, os valores tradicionais que um homem religioso como Sófocles buscaria preservar. Desse modo, mais que o elogio do espírito filosófico-científico da Atenas "iluminista", a tragédia expressaria a crise de uma sociedade submetida a mudanças profundas e traumáticas.

O caso de Anaxágoras seria exemplar nesse sentido. Sabe-se que o filósofo, amigo de Sófocles e de Péricles, foi perseguido e processado em Atenas por atribuir ao *Nous* ("Inteligência"), e não aos deuses, o "conhecimento de todas as coisas". Para alguns estudiosos, como Walter Burkert, Sófocles teria sido influenciado por Anaxágoras, ao enfatizar o caráter eterno e estável do conhecimento divino, por intermédio do oráculo, livre das contingências e mudanças oriundas do Acaso (*Týkhe*), que governam as ações humanas. Ao valorizar o pré-conhecimento divino, Sófocles estaria antecipando postulados platônicos: "Alguns anos depois da representação do *Édipo Rei* nasce Platão, que iria propor sua teoria das ideias, um reino do significado absoluto, não gerado e indestrutível, que governa o mundo em que vivemos, pressupondo na verdade o significante absoluto"[2]. Essa análise privilegia o aspecto religioso da tragédia, sem considerar, com mesma ênfase, a imagem heroica de Édipo. Comentemos primeiramente o segundo ponto, antes de abordarmos o primeiro.

1. *Razão*

Até onde chega o meu conhecimento da bibliografia crítica, nenhum autor examinou de maneira tão exaustiva e original o traço heroico de Édipo quanto Bernard Knox, em *Oedipus at Thebes-Sophocles' Tragic Hero and His Time*, livro publicado em 1957. Trata-se de uma obra que, independentemente da tese que defende, destaca-se ainda hoje pela análise da linguagem da peça. Para Knox, a questão central do *Édipo Rei* não é

---

2. Walter Burkert, "Edipo, ovvero il senso degli oracoli. Da Sofocle a Umberto Eco" in *Origini selvagge* (trad. it.), Roma-Bari, 1992, 105.

o parricídio nem o incesto – cometidos antes do início do drama –, mas a investigação levada a cabo pelo personagem com o intuito de descobrir, num primeiro momento, o assassino de Laio, e, num segundo, sua própria identidade. O autor nega a atuação de potências divinas nos bastidores do drama, constituído tão-somente das ações de Édipo: "A relação entre a profecia e a ação do herói não é de causa e efeito. É a relação entre duas entidades independentes que se igualam". A meu ver, a tese de Knox é mais interessante pelo que afirma do que pelo que nega. Como pretendo indicar a seguir, a atuação divina parece-me bem mais efetiva do que entende o helenista norte-americano, embora esse ponto-de--vista não enfraqueça a imagem que ele nos oferece do rei tebano.

De certo modo, Édipo seria a expressão da própria Atenas do V século a. C.: inquieto, brilhante, corajoso, arrogante, perspicaz, imperial, curioso, vaidoso, consequente, calculador, investigativo são alguns dos adjetivos que caberiam também à cidade no seu apogeu, como sugerem várias passagens de Tucídides. Para configurar seu personagem, Sófocles introduz na tragédia, conforme examina Knox, conceitos, noções e termos técnicos da ciência, da historiografia e da filosofia da época. O verbo *dzeteîn* e seus cognatos, por exemplo, são de uso corrente em Platão (*to nyn dzetoúmenon*, "o objeto atual de investigação", é uma expressão do Eleata no *Sofista* 223c; *to dzetoúmenon*, "a investigação", diz Sócrates no *Teeteto* 201a), nos tratados de medicina ("para esta descoberta e investigação", *dzetémati*, Hp. V. M. 3), na historiografia ("a investigação – *dzétesis* – da verdade", Tucídides I, 20). Sófocles emprega 8 vezes *dzeteîn* no *Édipo Rei*, 3 no *Ájax*, 2 no *Édipo em Colono* e 1 nas *Traquínias*. No verso 266, por exemplo, escreve:

> *dzetôn tòn autókheira tu fónu labeîn*
> procurando prender o autor do assassinato (trad. lit.)

Knox observa que a reviravolta do destino do personagem "reflete--se na *peripetia* (reviravolta) de algumas de suas palavras características". Édipo é ora sujeito ora objeto de verbos característicos da linguagem científica. Do mesmo modo que "examina" (*skopeîn*, 68, 291, 407, 964), "indaga" (*historeîn*, 1150), é objeto da investigação (1180-1181); se, por um lado, é quem "descobre" (*heureîn* 68, 108, 120, 440, 1050), por outro, é "o descoberto" (1026, 1108, 1213, 1397, 1421). Um termo importante na historiografia (Heródoto I, 57; II, 33; Tucídides I, 1) e nos tratados de medicina (Hipócrates *Prog.* 24, *Acut.* 68) é *tekmaíresthai*, que significa "formar um julgamento a partir de evidências", "inferir". No verso 109, Édipo fala da "dificuldade de inferir", das marcas deixadas, o autor da morte de Laio. No verso 916, segundo Jocasta, é o próprio Édipo quem não "infere" do passado os acontecimentos presentes.

Se, no *Prometeu*, Ésquilo considera a matemática a ciência mais importante (v. 459: "Inventei o prodígio das ciências/ – o cálculo"), Sófocles incorpora de maneira extensiva, no *Édipo*, termos nela recorrentes. Cito apenas alguns trechos em que isso ocorre, a título de exemplo. No verso 31, o sacerdote usa uma forma participial de *isóo* ("igualar"), numa passagem que traduzi assim:

Édipo, igual a um deus? Nem eu nem os
meninos incorremos nesse equívoco.

No verso 1507, o mesmo verbo (com o prefixo *eks*), no episódio em que Édipo roga pelo futuro das filhas:

Não as rebaixes (lit.: iguales) ao meu nível mau.

Um adjetivo com valor adverbial da raiz de *isóo* (*íson*: "igual", "igualmente") aparece no verso 579:

Creon:
Entre os dois, no reinado, há isonomia (*íson némon*)?

Outra equação verbal, construída com *ísos* ("igual", 1019):

Édipo:
E quem me fez seria igual a um zero?

Chama a atenção a presença de *metréo* ("medir") na tragédia. Édipo comenta a demora de Creon (73-5):

> Medir o dia de hoje com o metro
> do tempo dói: a ausência de Creon
> supera o combinado e o razoável.

A seguir, quando o irmão de Jocasta se aproxima (84):

> De onde ele está, sua voz já é mensurável.

No verso 963, o mensageiro coríntio esclarece a causa da morte de Políbio:

> Édipo:
> Enfermidade então levou o velho.
>
> Mensageiro:
> Além da macro medição de Cronos.
> (*makrô ge symmetrúmenos khróno*)

Com relação ao assassinato de Laio, há como que uma dança de números no *Édipo*. Segundo informação do único sobrevivente da escolta do rei, o crime teria sido praticado por vários homens, e não por um apenas. As construções da passagem, observa Knox, lembram um "problema de aritmética"[3] (vv. 118-129):

> Creon:
> Morreram, menos um: fugiu de medo.
> De certo nada disse, exceto um fato.
>
> Édipo:
> Diz qual fato! O um será matriz do múltiplo
> se algo tiver de Élpis, a Esperança.

3. *Op. cit.*, 151.

Creon:
Agiu de assalto o bando marginal:
não uma só, mas muitas mãos o matam.

Édipo:
E esse ladrão, se não o corrompessem
com a prata, teria tamanha audácia?

O uso idiomático explicaria a mudança do plural para o singular ("muitas mãos"/"o ladrão")? Ao empregar o singular, Édipo teria em mente o líder do grupo, responsável pela tentativa de golpe de Estado, conforme o rei imagina? São explicações possíveis que não impedem, contudo, de levarmos em conta a hipótese de um lapso linguístico, concebido por Sófocles (Édipo volta a usar o singular nos versos 139, 225, 230, 236; nos versos 246-7, fala da ação de um grupo; no 277, o coro utiliza o singular; no 715 s. Jocasta refere-se aos assassinos no plural).

Ocorre também, no *Édipo Rei*, o emprego de um termo filosófico, o verbo *oida*, de interesse particular, pois está no centro de numerosos trocadilhos. "Nenhuma tragédia é mais acerca da linguagem do que o *Oedipus Tyrannus*"[4]. "Toda a tragédia de Édipo está, portanto, como que contida no jogo ao qual o enigma de seu nome se presta"[5]. Também a esse respeito, o livro de Knox revelou-se precursor, abrindo caminho para um grande número de estudos que examinam os jogos de linguagem criados por Sófocles. *Oidipous* deriva de *oideo* ("inchar") e *pous* (pés), referência ao defeito físico que o herói traz dos primeiros dias de vida, provocado pela trave com que Laio perfura-lhe os tornozelos, antes de entregar o filho a um pastor, a fim de que o abandonasse em monte ermo. Entretanto, o poeta associa frequentemente o nome do herói a *oida* ("saber"), sugerindo a condição ambígua do rei tebano que, se mostra sabedoria ao solucionar o enigma da Esfinge, revela ignorância quanto

---

4. Charles Segal, *Tragedy and Civilization. An interpretation of Sophocles*, Cambridge Mass., 1981, 241.

5. Jean-Pierre Vernant e Pierre Vidal-Naquet, *Mito e Tragédia na Grécia Antiga* (trad. brasileira), Duas Cidades, 1977, 91.

à própria identidade. Assim, é possível entrever, no sarcasmo com que Édipo trata Tirésias, a ironia do próprio Sófocles, no episódio em que o rei tebano recorda que ninguém fora capaz de derrotar a Esfinge, somente ele, "Édipo, o que nada sabe", conforme a tradução literal da expressão grega *ho mêden eidôs Oidipous* (397), em que *eidôs* (particípio de *oida*: "o que sabe") repercute em *Oidi-pous*. Ironia e ambiguidade estão também presentes na decifração do enigma da Esfinge. A "cadela cantora" pergunta qual ser possui dois, três e quatro pés – *dípous, trípous, tetrápous*. *Oidipous* responde acertadamente "homem", isto é, *oi-dipous* ("os de dois pés"). "Mas", comenta Vernant, "esta resposta só é um saber na aparência; ela mascara o verdadeiro problema: o que é então o homem? O que é Édipo? A pseudo-resposta de Édipo abre-lhe todas as grandes portas de Tebas. Mas, instalando-o na chefia do Estado, ela realiza, dissimulando-a, sua verdadeira identidade de parricida e incestuoso"[6].

Outra passagem notável do ponto-de-vista da linguagem refere-se à chegada do mensageiro coríntio. Enviado para comunicar a Édipo a morte de Políbio, será o responsável pelo esclarecimento da identidade do rei de Tebas. Podemos considerar esse personagem um emissário de Apolo. Observe-se que ele entra em cena logo depois de Jocasta recolher-se no santuário apolíneo, onde roga pela lucidez do marido, atitude de certo modo contrária a manifestações anteriores da rainha, até então cética quanto à ciência oracular. Pois bem, esse mensageiro, cujo aspecto cômico, até onde chega meu conhecimento, só recentemente foi apontado[7], assim se expressa, recém-chegado a Tebas (924-6):

> Ar' an par' hymôn ô ksenoi math*oim' hopou*
> ta tou tyrannou dômat' estin *Oidipou*
> malista d' auton eipat' ei kat*oisth' hopou*.

6. Loc. cit.
7. "Intrigante, falastrão, oportunista, grosseiramente mentiroso desde que possa tirar algum proveito... É antes um personagem da comédia que da tragédia, um *trickster*...", de acordo com Franco Maiullari, *L'interpretazione anamorfica dell'Edipo Re*, Istituti Editoriali e Poligrafici Internazionali, Pisa-Roma, 1999, 24.

O rei é nomeado no caso genitivo: *Oidipou* ("de Édipo"). *Pou* e seu correlato *hopou* significam "onde", sentido para o qual convergem as questões formuladas pelo mensageiro: o verbo *katoisth'* é uma forma de *kata-oida* ("saber") que, como observei, associa-se a *Oidi-pous*. "Saber onde" (*oida-pou, katoisth' hopou*) é uma interrogação formulada ironicamente a respeito de um personagem que ocupa posição incerta no espaço[8]. Foi pensando nesses elementos formais que imaginei as seguintes possibilidades de tradução para esse trecho, tendo optado pela primeira:

> Ando no encalço de Édipo. Sabeis
> dizer-me onde se encontra seu palácio?
> Indicai-me, estrangeiros, onde o acho!
>
> Estrangeiros, sabeis dizer-me acaso
> por onde eu passo até chegar ao paço
> do monarca? Melhor: onde eu o acho?
>
> Com vossa ajuda encerrarei meu périplo:
> onde se localiza o paço de Édipo?
> Eu vos indago se ele está por perto.
>
> Aperto o passo atrás do rei. Sabeis
> como é que eu faço até chegar ao paço?
> Acaso alguém dirá onde eu o acho?
>
> A passos largos venho atrás do rei.
> Acaso alguém me diz como é que eu faço
> para chegar ao paço? Onde eu o acho?

Esse mesmo mensageiro, questionado, a seguir (1034-8), por Édipo, fornece dados importantes sobre a identidade do rei. Pressionado, informa que o pastor que lhe deu o recém-nascido sabe detalhes de sua origem: *ouk oid'; ho dous* ("não sei; quem deu"), profere o núncio, numa expressão em que o nome de Édipo volta a ecoar (*oid'ho dous / Oidipous*). Registre-se que essa fórmula poderia ainda ser entendida diferentemente:

---

8. Ver Knox, *op. cit.* 184.

ho dous ("o que deu"), pronunciado numa única sílaba, significa "caminhos" (*hodous*). Como fizera anteriormente, ao chegar a Tebas, o mensageiro reafirma nas entrelinhas (ou entreletras) os descaminhos que desgovernam a vida de Édipo: *ouk oid'hodous* ("não sei os caminhos")[9].

Para Knox, não há intervenção direta dos deuses na peça, estando sua presença restrita ao âmbito da previsão oracular. Desse modo, ao cumprir o que fora previsto em Delfos, a frase de Protágoras, com a qual o helenista caracteriza o perfil de Édipo – "o homem é a medida de todas as coisas" –, ganha sentido platônico no desfecho da peça: "a medida de todas as coisas é deus"[10]. Essa opinião poderia ser adotada sem restrição, não fossem recorrentes no drama palavras como *daímon*, cuja conotação religiosa dificilmente pode ser apagada. O termo indica o controle limitado de Édipo sobre o seu próprio destino, graças ao caráter enigmático da ação divina, humanamente imprevisível. Um levantamento do uso de *daímon* na obra de Sófocles mostra sua importância no *Édipo*. O autor emprega-a 5 vezes no *Ájax*, 3 na *Antígone*, 5 na *Electra*, 14 em *Édipo em Colono*, 12 no *Édipo Rei*, 7 no *Filoctetes*, 3 nas *Traquínias*.

2. Daímon

Não é fácil definir o sentido exato de *daímon* nessas tragédias. Se, por um lado, a palavra significa "divino", por outro, parece sugerir algo como "marca individual", particularmente depois de Heráclito – com cujo pensamento Sófocles tem tantas relações – ter escrito em seu conhecido aforismo: *ethos anthropo daímon*, "caráter é para o homem *daímon*". Kirkwood associa *daímon* à *moira* ("fado") e à *týkhe* ("acaso"), registrando a ocorrência de "uma qualidade pessoal no sentido de *daímon*; ela é concebida como um força ativa, condutora"[11]:

---

9. Cf. Simon Goldhill, *Reading Greek Tragedy*, Cambridge, 1986, 218.
10. *Op. cit.* 184.
11. G. M. Kirkwood, *A Study of Sophoclean Drama*, Ithaca e Londres, 1996², 284.

O "demoníaco" não fornece explanação moral ou teológica do sofrimento ou da crueldade das circunstâncias. Ele significa, como Reinhardt diz, a inclusão em si mesmo de algo estranho a si mesmo, um fado interno que é personalizado e em certo grau externalizado. É o *daímon* que dirige um homem em seu curso ignorante, pois só os deuses têm conhecimento da *alétheia*. O "demoníaco" é o modo de Sófocles deixar na penumbra um elemento da experiência humana; a catástrofe desce inesperada e inevitavelmente de algum lugar. Mas aparentemente não há razão moral para sua descida, nem a natureza divina nem a humana é o agente deliberado. Seria pedante insistir na busca de precisão num reino que Sófocles deixa vago; "demoníaco" não representa nenhum conceito filosófico ordenado no pensamento sofocliano[12].

Esse comentário preserva o caráter enigmático da intervenção do *daímon*. Trata-se de um agente responsável pelo surgimento do inesperado no destino. Talvez se possa apenas acentuar sua natureza divina. Mesmo que não se aceite de maneira absoluta o tom categórico da afirmação segundo a qual *"Daímon é a interpretação religiosa de Týkhe"*[13], deve-se ter em mente as numerosas vezes em que as duas palavras são relacionadas[14].

No verso 816, Sófocles usa o composto *ekhthrodaímon*, um *hapax legomenon*: Édipo considera a hipótese de ter sido ele o assassino de Laio; nesse caso, "que homem seria mais odiado pelos deuses" (*ekhthrodaímon*)? Pouco depois, repete a mesma ideia, atribuindo seu destino a um *ómou daímonos tis*, "um *daímon* cruel" (828), sobre cuja identidade os comentários costumam convergir: "O homem é reduzido a um receptáculo da loucura divina"[15]; "Édipo, então, atribui a um poder sobre-humano cruel e hostil o destino, que será muito pior do que aquilo que ele já sabe"[16].

Cabe ainda citar, no que concerne à palavra *daímon*, uma bela passagem, em que o coro apresenta Édipo, o seu *daímon*, como paradigma (*parádeigma*) humano (1189-95). Esse episódio – como quase tudo

---

12. Idem, 285.
13. Pietro Pucci, *Oedipus and the Fabrication of the Father*, Baltimore e Londres, 1992, 146.
14. Ver E. R. Dodds, *The Greeks and the Irrational*, Berkeley, 1951, 58 (80).
15. Jean Bollack, *L'Oedipe Roi de Sophocle*, Lille, 1990, vol. 2, 511.
16. Winnington-Ingram, *Sophocles – An interpretation*, Cambridge, 1980, 174.

na peça – tem sido objeto de diferentes comentários, inclusive da parte de Martin Heidegger, que o analisa na *Introdução à Metafísica*:

> Estirpe humana,
> o cômputo do teu viver é nulo.
> Alguém já recebeu de um demo um bem
> não limitado a aparecer (*dokeîn*)
> e a declinar (*apoklinai*)
> depois de aparecer (*dóksant'*)?
> És paradigma,
> o teu demônio (*daímona*) é paradigma, Édipo:
> mortais não participam do divino.

Jean Bollack assinala a importância do verbo *apoklinai* ("declinar"), que, relacionado frequentemente ao movimento dos astros, indicaria aqui o caráter cíclico da felicidade humana ou sua instabilidade. Acrescenta ainda não haver conotação de ilusão subjetiva em *dokeîn* ("parecer"). A questão fundamental seria a do tempo, cuja fugacidade revelar-se-ia na incontornável dinâmica do "aparecer/declinar" da experiência de plenitude. A estabilidade desta, segundo Píndaro, só os deuses conheceriam. "O parecer, colocado em balança com o desaparecer, não faz tanto ver o 'inautêntico' sobre um fundo de ser quanto apresenta seu êxito e prestígio sobre um fundo de nada"[17]. Ao empregar o termo "inautêntico", Bollack alude criticamente à análise que Reinhardt e, a partir dele, Heidegger fizeram da mesma passagem. Entretanto, não creio que o helenista francês dê o devido peso à função de *daímon* no episódio, traduzindo-o por um impreciso "destino", que de certo modo enfraquece sua função ativa.

Na leitura de Reinhardt, *daímon* ocupa lugar central[18]. O filólogo alemão observa que, no âmbito da experiência humana, "ser" e "aparência" (*alétheia* e *doxa*) são mesclados, "numa união que não é exterior nem formal, porém solicitada pelo *daímon*". Édipo não seria uma tragédia do

---

17. *Op. cit.*, vol. 3, 782.
18. Karl Reinhardt, *Sofocle* (trad. it.), Genova, 1989, 111 s.

destino, mas da "aparência", a qual não se confunde com o falso, mas se apresenta como um modo de ser em cujo horizonte o homem vive a precariedade do júbilo. Embora Reinhardt considere o movimento temporal, uma vez que o "declinar" da aparência se confunde com o momento da revelação trágica, o fundamental em sua análise é apresentar o *daímon* como elemento desencadeador da tragédia, o agente que faz da felicidade humana um acontecimento aparente. Não será difícil notar – registro de passagem – o motivo pelo qual essa análise iria influenciar Heidegger que, na *Introdução à Metafísica*, observa que o movimento entre "aparecer" e "declinar" confunde-se com a dinâmica do próprio Ser, que se oculta ao se tornar visível no ente e se revela no declinar da aparência[19].

Chamo a atenção do leitor para outras duas passagens em que Sófocles emprega o termo *daímon*. São versos que se destacam pela densidade formal, pela originalidade da imagem e pelo que esclarecem da própria noção de *daímon*. No primeiro trecho (1297-1303), o coro dirige-se a Édipo, pouco depois de ele cegar-se. Nas duas questões formuladas, empregam-se verbos de movimento: *prosbaíno* ("colocar o pé contra", "apoiar o pé em", "avançar para", "recair sobre", "come upon" na versão recente de Hugh Lloyd-Jones[20]) e *pedáo* ("saltar", "arrojar-se", "spring upon", segundo Lloyd-Jones, que traduz a preposição *prós* do grego pelo *upon* inglês, "sobre", sentido adotado por editores da peça). O coro indaga sobre o responsável pelo cegamento: "qual *mania* ("loucura") avançou sobre ti?", e reformula a questão a seguir, restringindo o campo de *mania*, cujo sentido varia, dependendo do deus por ela responsável: "que *daímon* lançou-se sobre tua *moira* ("destino") *dusdaímoni*?" Esta última palavra é um adjetivo formado a partir de *daímon*, com o prefixo de valor negativo *dus*, que os tradutores, sem levar em conta o belo jogo de palavras *daímon/dusdaímoni*, vertem por "miserável" (Lloyd-Jones) ou

---

19. Ver Martin Heidegger, *Introdução à Metafísica* (trad. bras.), Rio de Janeiro, 1978, 133 s.
20. Hugh Lloyd-Jones, *Sophocles, Ajax-Electra-Oedipus Tyrannus*, Loeb, 1994.

"desafortunado" ("infortune", segundo Bollack[21]). Registro também a ocorrência nesse verso de outra expressão notável por seu caráter enfático, em que um superlativo é relacionado ao comparativo de superioridade de *mégas* ("grande"): *meidzona makíston*, "que *daímon*", retomo o verso literalmente, "saltou mais do que o máximo sobre teu destino (*moira*) desafortunado (*dusdaímoni*)", ou, de acordo com a tradução que proponho:

> Que delírio, infeliz, te atropelou?
> Que deus-demônio, de um só salto,
> transpassa uma distância máxima,
> impondo os pés sobre tua moira demoníaca?

A essas questões, Édipo responde a seguir, identificando o deus responsável por sua desgraça: Apolo. Também nesse trecho, destaca-se o desenho formal do verso, devido às repetições *kaká kaká* e *emà tád' emà* e às assonâncias em /a/ e /e/:

> *ho kakà kakà telôn emà tád' emà páthea.*

Bollack apresenta a seguinte tradução (com referência a Apolo):

> L'achevant, crime sur crime! Mes soufrances, mes soufrances à moi!

Na edição de Lloyd-Jones, aparece:

> Apolo, who accomplished these cruel, cruel sufferings of mine!

Mário da Gama Kury[22], por sua vez, traduz assim:

> Foi Apolo o autor de meus males,
> de meus males terríveis; foi ele!

---

21. *Op. cit.* vol. 1, 283.
22. Mário da Gama Kury, *A Trilogia Tebana*, Jorge Zahar, 1989.

Procurando manter algo das repetições expressivas e da assonância do grego, verti da seguinte forma o verso em questão e o anterior:
> Apolo o fez, amigos, Apolo
> me assina a sina má: pena apenas.

Cito a continuação da fala de Édipo (1331-35), que revela aspectos importantes da noção de *daímon*:

> Ninguém golpeou-me,
> além de minhas mãos.
> Ver – por quê? –,
> se só avisto amarga vista?

Para alguns comentadores haveria oposição entre esses quatro versos e os dois anteriores, relativos a Apolo. Édipo estaria afirmando que o parricídio e o incesto foram causados por Apolo, enquanto o cegamento, por ele próprio. A leitura de Dawe parece-me, entretanto, mais interessante do que essa. Segundo o editor inglês[23], intervenção divina e ação humana são aspectos que se sobrepõem para os gregos, desde Homero. E lembra o verso famoso da *Odisseia*, em que o aedo Fêmio registra a Ulisses, que está prestes a assassiná-lo: "Autodidata sou e um deus fez surgir em mim toda sorte de canções" (*Od.* 22, 347).

Ao colocar Édipo entre a razão e o *daímon*, Sófocles reafirma o caráter paradoxal do herói trágico, fascinante e frágil, arrogante e desarmado, engenhoso e vulnerável. Não se deve perder de vista que, em relação às versões anteriores do mito, Sófocles faz uma alteração significativa: quando a peça tem início, o parricídio e o incesto já foram consumados e, antes de consumados, previstos pelo oráculo. Como disse antes, três referências temporais apresentam-se, portanto: o tempo da revelação oracular, o do parricídio e do incesto, o das investigações de Édipo sobre o assassino de Laio e sobre si próprio. O herói é agente e paciente da ação, submetido às forças do *daímon* e do acaso (*týkhe*). Sobre esse enredo,

---

23. R. D. Dawe (ed.), *Oedipus Rex*, Cambridge University Press, 1982, 232.

paira o pré-conhecimento divino. Num ambiente cultural em que os sofistas ensinavam, por exemplo, "a tornar forte um argumento fraco", em que o relativismo avançava inclusive sobre o campo da ética, o coro sofocliano evoca a "pureza da linguagem" (863), regida pelas "leis de pés elevados" do Olimpo (866) em contraste com a "desgraça de terríveis pés" (418), na qual se coloca e é colocado o rei de pés-inchados (*Oidi-pous*). Mais importante do que procurar determinar a posição exata de Sófocles nesse mundo, como se uma tese o motivasse, talvez seja manter presente a atitude interrogativa que a ambiguidade dos diversos planos da tragédia desperta a cada leitura.

3. Oráculo

Retorno à epígrafe de Heráclito, cujo verbo final, traduzido com precisão por Haroldo de Campos (*semainein*, "emitir signos": "assigna"), nos remete a uma questão que desde cedo interessou os gregos: a natureza ambígua da linguagem. No que concerne ao oráculo délfico, a literatura foi além do registro histórico, dando razão a um conhecido comentário de Aristóteles na *Poética*[24]. O que nos vem à mente quando pensamos no santuário de Apolo é o aforismo de Heráclito e não o fato de nenhum dos setenta e dois oráculos délficos de caráter histórico, registrados por Fontenrose, apresentar ambigüidade[25]. O grande interesse dos gregos por construções paradoxais, por argumentos polarizados, pela formulação de enigmas indica que se colocavam, em relação à linguagem, na posição de decifradores. Pensemos, por exemplo, para situar a questão numa época remota, nos versos 26-28 da *Teogonia* (séc. VIII a.C.), segundo os quais as musas afirmam saber, por um lado, "dizer

---

24. Refiro-me à passagem (1451b5) em que Aristóteles afirma que a poesia é mais "filosófica e elevada que a história".

25. Cf. J. Fontenrose, *The Delphic Oracle*, 1978. Ver, sobre o assunto, o estudo de Pietro Pucci, *Enigma segreto oracolo*, Pisa-Roma, 1996.

muitas mentiras similares às verdades" e, por outro, "cantar coisas verdadeiras". Esse é um dos primeiros registros na literatura grega de uma questão que posteriormente será abordada em termos de mímese. Trata-se de uma reflexão poética sobre um tema recorrente: a possibilidade de formulações falsas representarem e substituírem as verdadeiras. "As aparências enganam", reza o ditado que poderia ter sido inventado por algum grego. Heráclito critica Homero por não ter se deslocado do mundo aparente (*tôn fanerôn*), quando jovens que matavam piolhos o enganaram, dizendo: "o que vimos e pegamos é o que largamos, o que não vimos nem pegamos é o que trazemos conosco". Em outra versão, referida por Plutarco (*Vit. Hom.* 46-49 e 62-71), mas provavelmente anterior à de Heráclito, a anedota é formulada por pescadores e, apesar do alerta do oráculo de Delfos para que Homero evitasse o enigma, o poeta não é capaz de responder a charada, morrendo a seguir.

"A sabedoria grega é uma exegese da ação hostil de Apolo", escreveu Giorgio Colli[26], tendo em mente um dos símbolos apolíneos, o arco, cujo nome é "vida" (*bíos*), mas cuja ação é "morte" (conforme *biós*, "arco"), segundo Heráclito. Ao colocar no centro do *Édipo Rei* o oráculo apolíneo, Sófocles destaca a questão da significação verdadeira e da decifração verbal. No *Ájax*, Atena recomendava prudência frente à instabilidade do destino. No *Édipo Rei*, o coro apenas constata a fragilidade incontornável da vida:

> Atento ao dia final, homem nenhum
> afirme: *eu sou feliz!*, até transpor
> – sem nunca ter sofrido – o umbral da morte.

Entre a razão e o *daímon*, ou melhor, acima deles, há o oráculo, representando a pré-ciência divina. O drama de Édipo reflete a presença desses três planos que estabelecem relações complexas entre si, para além da relação de causa e efeito. O problema de algumas interpretações do passado foi terem privilegiado um desses aspectos, em detrimento dos

---

26. *O Nascimento da Filosofia* (trad. bras.), Campinas, 1988, 33.

demais. Lembro, por exemplo, a opinião de que o *Édipo* seria uma "tragédia do destino", na qual o herói apenas levaria a termo a profecia. Se lemos a peça desse ângulo, deixamos escapar traços marcantes do personagem – caráter voluntarioso, grandeza heroica, talento intelectual –, responsáveis em grande parte pelo próprio enredo dramático. Que as ações de Édipo ganhem sentido inesperado é algo que não tira o brilho do herói, mas evidencia sua fragilidade. Essa fragilidade resulta da ação enigmática e imprevisível do *daímon*, agente divino que alguns comentadores aproximam da noção de acaso (*týkhe*). A descoberta da identidade pelo indivíduo traz, portanto, outras revelações: permite registrar a pré-cognição divina, não afetada pelas contingências da experiência humana, e a ocorrência, na dinâmica existencial, de um elemento de difícil definição. Esse último aspecto tem despertado interesse de críticos recentes, particularmente dos adeptos de teorias psicanalíticas. O *daímon* seria a expressão do Outro.

"A catástrofe de Édipo é que ele próprio descobre sua identidade", escreveu Bernard Knox, estudioso a quem devemos muito da caracterização heroica de Édipo[27]. Sem discordar desse comentário, observo que a catástrofe decorre da consciência, por parte de Édipo, de que a sua própria identidade possui dimensões indecifráveis. Trata-se de uma constatação aparentemente simples do ponto-de-vista formal, mas com desdobramentos de complexidade bastante conhecida. A tragédia de Édipo nasce não só do fato de ele ser outro do que pensava, mas também de esse outro ser o que é: outro. Essa conclusão não enfraquece absolutamente a dignidade intelectual do personagem, antes, pelo contrário, a coloca em destaque: é o exercício brilhante da razão que permite entrever a dinâmica inclassificável do enigma.

---

27. *Op. cit.*, 6.

ÉDIPO REI

ÉDIPO:
Descendentes de Cadmo! Crianças, moços!
Por que trazeis à testa ramos súplices,
prostrados, nos assentos dos altares?
Vapor de incenso assoma em meio à pólis,
assomam cantos fúnebres, lamentos. 5
Considerei injusto ouvir dos núncios,
por isso eu vim, meninos, pessoalmente,
Édipo, cujo nome pan-aclamam.
Fala, decano! Tens a primazia
da palavra. Que humor vos põe assim? 10
Temor? Anseio? O meu intuito é dar
total auxílio. Um homem insensível
seria, alheio à ocupação das sédes.

SACERDOTE:
Acorre ao teu altar, senhor de Tebas,
um grupo, cada qual com sua idade: 15
uns imaturos para o voo solo;
outros, arcados, são os sacerdotes

– como eu – de Zeus, além dos homens-moços.
A multidão se prostra junto ao duplo
templo de Palas, ramo à testa, na ágora, 20
em torno às cinzas do apolíneo augúrio.
Naufraga a pólis – podes conferi-lo –;
a cabeça, já é incapaz de erguê-la
por sobre o rubro vórtice salino:
morre no solo – cálices de frutas; 25
morre no gado, morre na agonia
do aborto. O deus-que-porta-o-fogo esfola
a pólis – praga amarga –, despovoando
as moradas cadméias. O Hades negro
se enriquece de lágrima e lamento. 30
Édipo igual a um deus? Nem eu nem os
meninos incorremos nesse equívoco;
um ás te reputamos nas questões
da vida e no comércio com os deuses.
Recém-chegado a Tebas, nos poupaste 35
do ônus que impôs a ríspida cantora,
a Esfinge, mesmo à míngua de outros dados
de nossa parte. Um nume – é voz unânime –
acompanhou-te ao nos furtar da morte.
Senhor supremo, ajuda agora, Édipo, 40
pois todos clamam, todos te suplicam
uma saída: acaso um deus, um homem
não disse como nos mantermos vivos?
As deliberações de alguém vivido
resultam em ações mais efetivas. 45
Melhor entre os melhores, reergue a pólis!
Melhor entre os melhores, lembra: sóter,
assim te chamam, nosso salvador.
Não fique do teu reino esta memória:
para tombar de novo nos erguemos. 50

Com tua mão segura, apruma a urbe!
Já nos trouxeste o bom pendor da sorte,
nos augurando um bom agouro. Volta!
Se te incumbe reinar, algo inconteste,
melhor reger a pólis que o deserto. 55
A torre sem ninguém é nada, a nave
também é nada se há o vazio humano.

ÉDIPO:
Meninos, ciente e não insciente estou
do afã que movimenta este cortejo.
Eu reconheço o pan-sofrer; contudo, 60
nenhum sofrente tem meu sofrimento:
a cada um tão-somente a dor remonta,
a ele e a mais ninguém. Meu peito aperta
pela pólis, por mim, por ti também.
Não me encontrais gozando a paz de Hipnos. 65
Sabei que muita lágrima chorei,
nas muitas vias do pensamento eu me
perdi, e um só remédio me ocorreu:
a Delfos eu enviei Creon Menécio;
partiu o meu cunhado com o fito 70
de perguntar: a paz, como a devolvo
a Tebas, com palavras ou com atos?
Medir o dia de hoje com o metro
do tempo dói: a ausência de Creon
supera o combinado e o razoável. 75
Com ele aqui, serei um homem vil,
se me furtar a quanto o deus prescreva.

SACERDOTE:
Palavras oportunas, justo quando
assinalam que o enviado está de volta.

ÉDIPO:
Týkhe-Sóter, o acaso salvador   80
nos traga, ó Apolo, Creon olhiesplendente!

SACERDOTE:
Policoroa de louros e de frutas
à frente sinaliza boas notícias.

ÉDIPO:
De onde ele está, sua voz já é mensurável.
Filho de Meneceu, senhor, cunhado,   85
qual dito numinoso a Tebas trazes?

CREON:
Um dito bom: se a adversidade acaso
corrige o passo, em bem resulta o acaso.

ÉDIPO:
Atém-te ao tema, pois o teu dizer
nem tranquiliza nem atemoriza.   90

CREON:
Posso falar na frente dessa gente
ou, se preferes, no interior do paço.

ÉDIPO:
Informa a todos! Sofro mais por eles
do que por minha própria vida! Fala!

CREON:
Escutarás tal qual ouvi do deus.   95
Sem circunlóquio, Foibos, pleniluz,
mandou-nos expulsar o miasma. Aqui
cresceu, e há de crescer, se não ceifado.

ÉDIPO:
Como nos depurarmos? Qual desgraça?

CREON:
Caçar o réu, pagar com morte o morto: 100
que escarcéu faz na pólis este sangue!

ÉDIPO:
Quem teve o azar da sorte, o deus o indica?

CREON:
Em tempos idos, Laio mandava aqui,
antes de começar o teu reinado.

ÉDIPO:
Sei por ouvir dizer; jamais o vi.   105

CREON:
Assassinado. O deus profere claro:
punir – não importa quem! – os matadores.

ÉDIPO:
Oriundos de onde? Onde buscaremos
pegadas foscas de um delito antigo?

CREON:
Aqui, falou. Só se acha o que se caça;   110
o que negligenciamos nos escapa.

ÉDIPO:
No palácio, no campo, no estrangeiro,
em que local eliminaram Laio?

CREON:
Indagaria – nos disse – o deus em Delfos
e desde que partiu não retornou. 115

ÉDIPO:
Ninguém viu nada, núncio algum, factótum,
que nos tivesse alguma utilidade?

CREON:
Morreram, menos um: fugiu de medo.
De certo nada disse, exceto um fato.

ÉDIPO:
Diz qual fato! O um será matriz do múltiplo, 120
se tiver algo de Élpis, a Esperança.

CREON:
Agiu de assalto o bando marginal:
não uma só, mas muitas mãos o matam.

ÉDIPO:
E esse ladrão, se não o corrompessem
com a prata, teria tamanha audácia? 125

CREON:
Também pensamos; mas, depois que Laio
morreu não houve quem o defendesse.

ÉDIPO:
Derruído o rei, que mal, travando o pé,
impede assim a solução do caso?

CREON:
A Esfinge, canto-enigma: o que estiver 130
aos pés, olhar; deixar velado o opaco.

ÉDIPO:
Desato o nó de novo desde a origem.
Louvo o apuro de Apolo e o teu apuro,
tomando a peito o caso pelo morto.
Também entro em combate por justiça, 135
vingando a um só tempo o deus e Tebas.
Não ajo em nome de um remoto amigo,
mas por mim mesmo eu mesmo afasto a mácula:
quem pôs as mãos em Laio logo pode
querer de mim vingar-se com seu golpe. 140
Socorro Laio, colho benefícios.
Sem mais delonga, abandonai, meninos,
os altares, nas mãos os ramos súplices.
Alguém reúna aqui o povo cádmio.
Neste afazer me empenho. Atue o nume 145
e recolhamos júbilo ou catástrofe.

SACERDOTE:
Meninos, já podemos retirarmo-nos,
pois nos moveu o apalavrar do rei.
Apolo nos enviou a profecia:
retorna, Sóter, e nos salva e cura! 150

CORO:
Suave fala de Zeus,
o que nos vem de Delfos, toda-ouro,
à bela Tebas?
Coração transido, o pavor

me oprime, Apolo Délio,
senhor do grito lenitivo!
Ao teu redor, tremor: 155
Qual meu tributo? Um novo rito,
rito refeito ao ciclo da estação?
Diz, filha de Élpis-ouro,
Voz ambrósea!

Primeira invocação: Atena ambrósea;
depois, sua irmã, guardiã-do-solo, Ártemis, 160
trono augusto no círculo da praça,
e Apolo, bom-na-lança.
Defesa tripla contra Moira-Morte,
vinde! Se outrora – a urbe em ruína –
lançastes longe o fogo da catástrofe, 165
voltai de novo agora!

Suporto males múltiplos.
A tropa adoece em bloco
e as armas do pensar, nenhuma nos 170
resguarda.
Não vinga o fruto no afamado campo;
sem dar à luz, esposas gritam dores.
Como aves, belas-asas, mais 175
ágeis que o fogo indômito,
todos, um a um, lançam-se às encostas
do deus crepuscular:

Incontáveis. A pólis morre.
Portadores-de-Tânatos, tristíssimos, 180
os mortos proliferam pelas ruas.
Ao pé do altar acorrem mães senis,
esposas, choram súplices 185

a dura agrura.
Fulgura o hino e o coro de lamentos.
Envia, Palas, olhi-paz, dourada
filha de Zeus,
o júbilo da ajuda.

Ares fulminador, 190
sem o bronze do escudo, agora
arde e circum-troa.
Gira a espádua, retorna
rápido, sob a aura,
ao megatálamo de Anfitrite, 195
ao porto hostil a estranhos,
aos trácios vórtices!
Ao que sobra da noite,
o dia assalta.
Rei do ígneo fulgor, 200
teu raio, ó Zeus, fulmine Ares.

Senhor da Lícia,
teu arco, nervo-ouro,
dispare invencível, à vanguarda, 205
os dardos protetores. Com eles
cheguem as tochas flâmeas de Ártemis –
consigo a deusa as leva aos montes lícios.
Senhor da mitra áurea,
epônimo de Tebas, 210
eu chamo Baco em chamas,
rosto-vinho,
Evoé quando evocado,
ministro das Mênades,
com tocha ardente, contra
o deus que os deuses desestimam! 215

ÉDIPO:
Rogas e o rogo – se ouves com apreço
minha fala, se cuidas da moléstia –
encontra proteção, além de alívio.
Alheio ao dito, alheio ao sucedido,
declaro: só e sem melhor indício   220
será difícil prolongar a busca.
Na condição de cidadão tardio,
proclamarei aos cádmios o seguinte:
se alguém souber que mãos mataram Laio,
filho de Lábdaco, a esse alguém ordeno   225
que se apresente a mim e conte tudo.
Se teme a punição ao pronunciar-se
contra si mesmo, afirmo que uma pena
sofrerá: parte ileso para o exílio.
Se o assassino for um outro, alguém   230
de fora, mesmo nesse caso, fale
e colha a recompensa do homem grato.
Não sendo aceita a minha oferta, se,
receando pelo amigo ou por si mesmo,
alguém se cale, assim procederei: 235
seja qual for a identidade dele,
até onde meu trono e cetro imperem,
ninguém o deixe entrar, ninguém lhe fale,
ninguém se lhe associe em atos sacros,
ninguém a água lustral – ninguém! – lhe oferte.   240
Merece o teto acolhedor um homem
que nos macula a todos com seu miasma,
conforme revelou o deus em Delfos?
E quanto a mim, eu luto em prol do nume,
eu luto pelo nome do homem morto.   245
Ao inferno – assassino! – esteja oculto
sozinho ou com o bando de comparsas.

Na miséria, sem Moira, acabe o mísero!
E digo mais: se acaso em meu palácio,
consciente, acontecer de recebê-lo, 250
recaia em mim a imprecação que faço.
Adjuro todos a cumprir o dito,
pelo nume, por mim, por esta terra
sem fruto, sem o deus, sem vida, nada.
Mesmo se o deus não nos forçasse à ação, 255
não conviria deixar impura a pólis:
quando o melhor falece, o basileu,
mister é esclarecer. Aconteceu-me
de herdar o mando que lhe pertencia,
de herdar seu leito e desposar-lhe a esposa; 260
não o privasse a sorte má de filhos,
teriam os nossos uma só matriz.
Sobre a cabeça dele pesa o azar.
Por isso, como por meu pai, combato.
Em minha busca, nada me limita 265
até que eu prenda o autor desse homicídio:
por Laio, rei, descendente de Polídoro,
Cadmo, Agénor: ancestres ilustríssimos.
Contra quem negue auxílio, deuses, peço:
não saiba o que é brotar no campo o fruto, 270
não colha da mulher senão aborto,
pereça de um flagelo pior do que este.
Quantos cádmios nos derem hoje escuta,
possa Dike ajudar, guerreira amiga,
com sua presença os deuses nos regalem. 275

CORO:
No que me toca a imprecação, afirmo:
o rei eu não matei nem sei quem o
matou. Apolo nos enviou o enigma;
cabe-lhe, pois, nomear o autor do crime.

ÉDIPO:
Concordo. Mas humano algum consegue 280
impor aos deuses o que não desejem.

CORO:
Pois faço uma segunda sugestão.

ÉDIPO:
E uma terceira. Não omitas nada!

CORO:
A um magno o magno Foibos aguçou
a vista: obtém resposta mais certeira 285
quem examina os fatos com Tirésias.

ÉDIPO:
Não descurei nem mesmo desse ponto:
instado por Creon, enviei dois homens
ao seu encontro. O grande atraso intriga.

CORO:
Rumor antigo surdo repercute. 290

ÉDIPO:
Qual rumor? Examino toda hipótese.

CORO:
Dizem que uns andarilhos o mataram.

ÉDIPO:
Ouvi dizer. Quem presenciou, sumiu.

CORO:
Se lhe restar um pouco de pavor,
ouvindo a imprecação, não calará. 295

ÉDIPO:
Quem não treme na ação, palavras teme?

CORO:
Mas há quem o convença. Aqui já trazem
o divino profeta. Nele só
se infunde o Desocultamento: *Alétheia*.

ÉDIPO:
Tirésias, pan-senhor telúrio-urânico   300
do que se diz e cala no silêncio,
a pólis – cego embora, o tens na mente –
está doente. Mais ninguém, senhor,
escudo, sóter, nos garante a sorte.
Apolo – não te disse o mensageiro? –   305
aos núncios anunciou haver apenas
uma saída ao mal que nos aflige:
matar os homens que mataram Laio,
ou acuá-los – que corram para o exílio!
O que o pássaro augura não ocultes,   310
nem os auspícios de uma outra via.
A urbe e a ti depura, a mim depura,
depura-nos dos miasmas do cadáver.
O desdobrar-se ao máximo por outrem,
compensa com beleza o empenho humano.   315

TIRÉSIAS:
Terrível o saber se ao sabedor
é ineficaz. Embora ciente disso,
me descuidei: jamais teria vindo.

ÉDIPO:
O que ocorreu? Por que chegas sem ânimo?

TIRÉSIAS:
Deixa que eu volte. Cada qual sopese 320
o próprio fardo. Crê: será melhor.

ÉDIPO:
Renegas normas; desamor revelas
pelo país natal, com fala estéril.

TIRÉSIAS:
Os sons que emites são inoportunos;
não quero padecer da mesma sorte. 325

ÉDIPO:
Se algo sabes, não partas, pelos deuses!
Pan-suplicantes, nos prostramos todos.

TIRÉSIAS:
Pois todos ignorais! O meu pesar
não apresentarei, expondo o teu.

ÉDIPO:
Será que entendo bem? Sabendo, calas? 330
Planejas nos trair, destruir a pólis?

TIRÉSIAS:
O meu sofrer não quero, nem o teu.
Inútil prolongar teu questionário.

ÉDIPO:
Seu miserável mor! Não falarás?

Até uma pedra encolerizas. Ficas 335
assim empedernido, irredutível?

TIRÉSIAS:
O meu temperamento recriminas
por ignorares o que habita em ti.

ÉDIPO:
Como posso manter-me calmo, se ouço
palavras que à cidade só desonram? 340

TIRÉSIAS:
Mesmo que eu silencie, os fatos falam.

ÉDIPO:
Um bom motivo para não calares.

TIRÉSIAS:
Nada acrescentarei. O coração
inflama com tua fúria, se o quiseres.

ÉDIPO:
Já nada fica implícito – motiva-me 345
a fúria: arquitetaste o assassinato,
melhor, o cometeste, embora com
as mãos de um outro. Se pudesses ver,
diria ser obra de um autor somente.

TIRÉSIAS:
Verdade? Pois então assume os termos 350
do teu comunicado: de hoje em diante,
não fales mais comigo nem com outrem,
pois com teu miasma contaminas Tebas!

ÉDIPO:
O despudor motiva tua arenga;
acaso crês fugir das consequências? 355

TIRÉSIAS:
Sim, pois me nutre o vero, a própria *Alétheia*.

ÉDIPO:
E quem te instruiu, inepto para o augúrio?

TIRÉSIAS:
Tu mesmo, ao pressionar a minha fala.

ÉDIPO:
Qual fala? Fala! Assim eu me elucido.

TIRÉSIAS:
Não compreendeste ou queres me testar? 360

ÉDIPO:
Minto se digo ter certeza. Aclara!

TIRÉSIAS:
Afirmo que és o matador buscado.

ÉDIPO:
Duas vezes me insultaste. Pagas caro!

TIRÉSIAS:
Devo seguir e saturar tua cólera?

ÉDIPO:
Ao bel-prazer, pois nulo é o vanilóquio. 365

TIRÉSIAS:
Te uniu aos teus, inadvertidamente,
– direi – um elo torpe. O mal não vês.

ÉDIPO:
Insistes nisso? Crês na impunidade?

TIRÉSIAS:
Se houver no vero um mínimo de força.

ÉDIPO:
E tem para os demais, a ti não tem, 370
pois que és cego na mente, ouvido e vista.

TIRÉSIAS:
Triste; descarregar em outro injúrias
que o mundo em breve vai te proferir.

ÉDIPO:
Te nutre Nýks – a noite. És incapaz
de fazer mal a quem com luz convive. 375

TIRÉSIAS:
Não cabe à minha Moira sobre ti
cair. Do fato Apolo cuida. E basta.

ÉDIPO:
Creon armou o ardil ou é obra tua?

TIRÉSIAS:
Teu mal provém de ti, não de Creon.

ÉDIPO:
Riqueza, reino, engenho ultraengenhoso, 380

conduzem a um viver plurinvejado!
Quanto rancor se fixa em torno a vós!
A pólis concedeu-me o dom do reino;
sem meu empenho o pôs em minhas mãos;
e o leal Creon, amigo desde o início,   385
cozia o plano sórdido em surdina,
sócio do mago nessa megatrama,
do charlatão manhoso, de olho no
regalo das propinas, vate cego!
Onde imperam teus mânticos domínios?   390
Por que negaste auxílio ao povo quando
vivia a Esfinge, cadela de rapsódias?
Não de um desavisado a solução
do enigma dependia, mas de um profeta.
Ficou patente: nem as aves, nem   395
os deuses te inspiravam. E eu cheguei;
dei cabo dela, alguém sem crédito, Édipo;
vali-me do pensar e não dos pássaros.
A mim pretendes expulsar agora,
sonhando secundar Creon no cargo?   400
Lamentareis querer purgar a pólis.
Não fosses na aparência um ser decrépito,
conhecerias sofrendo os teus projetos.

CORO:
Segundo nos figura, rei, a cólera
inspira os dois pronunciamentos. Nós   405
não carecemos disso. Eis nosso escopo:
solucionar o vaticínio délfico.

TIRÉSIAS:
És rei, mas nós nos igualamos nisto:
nossas palavras pesam igualmente.

Reclamo o meu poder! Não sou teu servo, 410
sirvo a Apolo, e independo de Creon.
Falo, pois meu olhar opaco humilhas:
dotado de visão, não vês teu mal,
com quem moras, em que lugar habitas.
De onde vens? Sabes ser o horror dos teus, 415
desses que a terra encobre ou – sobre – vivem?
Terror nos pés, a maldição te expulsa
daqui, mater-paterna, açoite duplo.
E a ortovisão de agora então se entreva.
Que golfo, que montanha do Citero 420
a sinfonia de teus gritos não
ecoará, quando saibas de tuas núpcias,
porto inóspito, ao fim de um navegar
tranquilo? Nem suspeitas da desgraça
que atingirá a ti, como a teus filhos. 425
Achincalha Creon e cada som
que pronuncio. Ninguém conhecerá
um desmoronamento pior que o teu.

ÉDIPO:
Ouvir o que ele diz é insuportável.
Vai para o inferno! Some! Vai de retro 430
à tua morada e deixa o meu palácio.

TIRÉSIAS:
Se vim, foi por ter sido convocado.

ÉDIPO:
Não poderia prever as tuas sandices;
por isso me apressei em te chamar.

TIRÉSIAS:
Somos quem somos: te pareço tolo, 435
mas a teus pais alguém bem ponderado.

ÉDIPO:
Quem? Espera! Quem são meus genitores?

TIRÉSIAS:
O dia de hoje te expõe à luz e anula.

ÉDIPO:
Falas de modo obscuro e por enigmas.

TIRÉSIAS:
Não és o mestre das decifrações? 440

ÉDIPO:
Verás o meu valor no que me insultas.

TIRÉSIAS:
Provém tua perdição dessa ventura.

ÉDIPO:
Pouco me importa, se eu salvei a pólis.

TIRÉSIAS:
Eu me retiro. Vem me guiar, menino.

ÉDIPO:
Será melhor, pois, aos meus pés, me estorvas. 445
Eu recupero a paz com tua ausência.

TIRÉSIAS:
Irei, mas antes digo o que me trouxe –

teu cenho nada pode contra mim:
aquele cujo paradeiro indagas,
pela morte de Laio, aos quatro cantos 450
vociferando, bem aqui se encontra;
tido e havido como homem forasteiro,
irá se revelar tebano autêntico,
um triste fato. Cego – embora ele hoje
veja –, mendigo (ex-rico), incerto em seu 455
cetro, em terra estrangeira adentrará.
E então nós o veremos pai e irmão
dos próprios filhos; no que toca à mãe,
dela será o marido; e quanto ao pai,
sócio no leito, além de seu algoz. 460
No paço, pensa. A tua conclusão,
se for que eu minto, diz: *falso profeta!*

CORO:
A pedra délfica – profética –
increpa a quem de perpetrar
com mãos de sangue
o indizível do indizível? Urge 465
que ele ponha os pés em fuga,
com mais vigor
do que os equinos turbinosos.
Hoplita do relâmpago e do fogo,
Apolo, filho de Zeus, 470
avança contra ele.
No encalço vêm, terríveis,
as Fúrias implacáveis.

Desponta a voz e já lampeja
na neve do Parnaso: sigam 475
todos o rastro do homem ignoto,

um touro errante pelos antros, rochas,
florestas, desgarrado,
um desgraçado
que traz no pé a desgraça!
Quer se esquivar (inútil)
do oráculo – ônfalo da Terra: 480
este pervive circum-voando.

O sábio vate me desmonta,
terrível. Aceitá-lo ou refutá-lo?
Aporia: dizer o quê?   485
Nas asas da esperança, não vislumbro
presente nem pretérito.
Ignoro o pomo da discórdia entre
o filho de Políbio e os Labdácidas.   490
Em prol dos últimos, na questão
da morte obscura,
eu nada sei – agora ou no passado –
que desabone a fama de Édipo.   495

Unidos pelo tino, Apolo e Zeus
conhecem o afazer humano.
Entre os mortais,
um vate conta mais do que eu?
É um juízo descabido.   500
Pode em saber um superar o outro.
Mas em acusador eu não me arvoro,
enquanto tudo for mera suspeita.   505
Outrora a virgem-
-de-asas, a Esfinge, lançou-se
abertamente contra ele;
e ele foi sábio – todos vimos –
e a pólis o aprovou: era benquisto.   510

Jamais empenharei
meu coração em condená-lo!

CREON:
Informam-me, senhores, de que o rei
com termos duros me promove a réu.
Indigna-me esse fato: se ele pensa 515
que no difícil quadro do presente
causei-lhe dano em ato ou em palavras,
não quero mais gozar a vida longa,
opresso por rumores. Meu malogro
será tremendo a persistir o boato. 520
Ouvir de quem é caro *vil!*, ouvir
da pólis *vil!*, me faz um mal enorme.

CORO:
O insulto é fruto da explosão de fúria,
antes que de um projeto arquitetado.

CREON:
Não dizem que o profeta se deixou 525
levar pelos meus planos e mentiu?

CORO:
Disseram; mas com qual intuito? Ignoro.

CREON:
Mas havia retidão no olhar, no espírito
de quem lançou o agravo contra mim?

CORO:
Não reparo na ação dos poderosos. 530
Já vem do paço Édipo, em pessoa.

ÉDIPO:
Não posso acreditar! Personificas
a própria afronta vindo ao meu palácio,
manifesto urdidor de minha morte,
usurpador visível do meu cetro! 535
Pelos deuses! Covarde ou insensato
te pareci, para que assim tramasses?
Achavas que eu não notaria o dolo
coleando ou, ciente, que eu não reagiria?
Não é uma insensatez o teu ataque, 540
sem o apoio da massa e dos amigos?
Essa tarefa exige prata e povo.

CREON:
Se posso sugerir, escuta a réplica
que faço ao teu discurso. Então, me julga!

ÉDIPO:
És bom de prosa, mas sou mau de ouvido: 545
te revelaste um desafeto amargo.

CREON:
Sobre esse ponto, escuta-me primeiro.

ÉDIPO:
Sobre esse ponto, me dirás que és fiel?

CREON:
Se crês que a audácia destituída de
razão é um bem, incorres em equívoco. 550

ÉDIPO:
Se crês que, agindo mal contra um parente,
Dike não puna, incorres em equívoco.

CREON:
Concordo com tua justa afirmação;
mas podes me explicar que mal te fiz?

ÉDIPO:
Me persuadiste – sim ou não? – da urgência   555
de aqui trazer o vate sacrossanto?

CREON:
Meu parecer, agora o ratifico.

ÉDIPO:
Pois bem; e Laio, há quanto tempo é que...

CREON:
Que Laio fez o quê? Não te compreendo.

ÉDIPO:
Que esvaneceu, golpeado mortalmente.   560

CREON:
Só usando a macromedição de Cronos.

ÉDIPO:
O áugure praticava então o ofício?

CREON:
E, como agora, sábio e reputado.

ÉDIPO:
Naquele tempo, mencionou meu nome?

CREON:
Nunca aludiu a ti na minha frente.   565

ÉDIPO:
A pólis não investigou o crime?

CREON:
Nos empenhamos todos, sem sucesso.

ÉDIPO:
E como o sábio nada proferiu?

CREON:
Não sei. Me calo quando faltam dados.

ÉDIPO:
Do que te afeta, sabes. Leal, dirás? 570

CREON:
Não me nego a informar-te do que sei.

ÉDIPO:
Sem contigo tramar, o teu parceiro
não me teria acusado de assassino.

CREON:
Se foi o que ele disse, tu o sabes.
Também tenho direito de indagar. 575

ÉDIPO:
Pergunta: não farás de mim um réu.

CREON:
Pois bem; tens como esposa minha irmã?

ÉDIPO:
Não me é possível responder com *não*.

CREON:
Entre os dois, no reinado, há isonomia?

ÉDIPO:
O que ela quis, jamais lhe foi negado.   580

CREON:
Como terceiro, eu não me igualo aos dois?

ÉDIPO:
Eis onde te mostraste um mau amigo.

CREON:
Não, se aceitas, como eu, raciocinar.
Examina primeiramente: quem
preferirá o comando e os seus temores   585
à paz do sono, se o poder é o mesmo?
Não sou do tipo que ambiciona o reino,
quando me é dado igual a um rei viver.
Discordará de mim quem for sensato?
De ti eu recebo tudo e nada temo;   590
chefe, teria de agir conforme os outros.
Ser dono do poder não é mais doce
do que o mando indolor e o seu prestígio.
Não me acho suficientemente louco
para abrir mão do belo e vantajoso.   595
Agrado a todos, todos me saúdam.
A mim recorrem, se de ti precisam,
pois tenho a chave do sucesso deles.
Sonhar com outras regalias? Por quê?
Em má não se transmuda a mente lúcida.   600
Não sou amante desse pensamento,
nem agiria ao lado de um golpista.

Se posso comprovar? Vai logo a Delfos,
verás que fui veraz, se a Apolo apelas.
Se demonstrares que me associei ao 605
decifrador de enigmas numa trama,
meu voto somo ao teu pelo meu fim.
A conjectura ofusca o julgamento.
Se é grave de antemão tomar o mau
por bom, do mesmo modo o inverso é grave. 610
Desprezar um amigo honesto é igual
a desprezar o bem maior: a vida.
Saberás do que falo com o tempo.
Somente o tempo mostra quem é justo;
velhacos se revelam num só turno. 615

CORO:
Sensato, não escorregou na fala;
pensar às pressas, rei, nos leva à queda.

ÉDIPO:
Quando ágil um conspirador serpeia,
devemos decidir com rapidez.
Se me acomodo à calmaria, os planos 620
dele dão fruto e os meus tão-só me frustram.

CREON:
Qual é tua meta? Me banir de Tebas?

ÉDIPO:
Não quero teu exílio, mas tua morte.

CREON:
Mostra então o porquê do teu furor.

ÉDIPO:
Pareces resistir ou duvidar.   625

CREON:
Pois vejo claro que não pensas bem.

ÉDIPO:
Mas não no que me toca.

CREON:
Um peso e duas medidas.

ÉDIPO:
Porque és mau de nascença.

CREON:
E se erras totalmente?

ÉDIPO:
Terei o aval do trono.

CREON:
Não para o mau governo.

ÉDIPO:
Pólis! Pólis!

CREON:
Tebas também é minha, e não só tua!   630

CORO:
Basta, senhores! É oportuna a vinda
de Jocasta, que deixa agora o paço.
Quiçá com ela a briga chegue ao fim.

JOCASTA:
O que move esse abúlico levante
de palavras? Vergonha: a pólis sofre 635
e estimulais questiúnculas pessoais?
Retorne cada qual à própria casa!
Não transformeis em dor medonha o nada.

CREON:
O teu marido julga justo, irmã,
fazer-me algo terrível: seu intento 640
é me expulsar da pólis ou matar-me.

ÉDIPO:
Exatamente, esposa, pois flagrei-o
armando contra mim o esquema sórdido.

CREON:
Sem mais vantagens, morra amaldiçoado,
se uma parcela eu fiz do que me imputas. 645

JOCASTA:
Ele é merecedor de crédito, Édipo!
o sacro juramento impõe respeito,
minha presença e a dos demais também.

CORO:
Empenha o coração e a mente; e cede! 650

ÉDIPO:
Em que devo ceder?

CORO:
Respeita um homem que jamais foi néscio;
seu juramento agora o engrandece.

ÉDIPO:
Sabes o que me pedes?

CORO:
Sim.

ÉDIPO:
Não deixes, pois, o dito por não dito.　　　　　　　　　　655

CORO:
O amigo que jurou jamais condenes,
fundamentado em boatos, à desonra.

ÉDIPO:
Pois sabes que com tal pedido estás
pedindo a minha morte ou meu exílio?

CORO:
Por Hélios-Sol, primaz divino, não!　　　　　　　　　　660
Morra eu sem nume e sem amigo, acaso
eu pense nisso: tenha um fim tristíssimo!
Se amarga a minha Moira: o coração　　　　　　　　　　665
me aperta com o perecer de Tebas.
E a rixa atual agrava o mal antigo!

ÉDIPO:
Deixa-o partir, mesmo que eu me aniquile,
que prove, envilecido, à força o exílio.　　　　　　　　　　670
Da fala dele eu não me apiedo, mas
da tua. Onde ele vá, meu ódio o siga!

CREON:
Cedes e regurgitas ódio estígio.

A ira passa, virá o pesar. Quem tem
o teu perfil conhece o pior; é justo!   675

ÉDIPO:
Não vais partir? Deixar-me só?

CREON:
Partirei.
Me ignoras, outros têm-me por igual.

CORO:
Senhora, hesitas em levar Creon?

JOCASTA:
Antes quero saber do caso.   680

CORO:
O equívoco da suspeição surgiu
das palavras. Também o injusto morde.

JOCASTA:
Equívoco dos dois?

CORO:
Sim.

JOCASTA:
E o que diziam?

CORO:
Nossa terra já sofre muito para   685
ficarmos repisando nesse assunto.

ÉDIPO:
Eis no que deu tuas nobres intenções!
Não olhaste por mim, me entorpeceste.

CORO:
Conforme eu disse, rei, mais de uma vez,
seria um desatino (e eu um sem tino) 690
se abandonasse a quem de novo trouxe
à pátria, imersa em dor, a boa brisa. 695
Rei, mostra-nos de novo a via alvíssara!

JOCASTA:
Pelos deuses, explica-me, senhor:
qual fato provocou em ti essa cólera?

ÉDIPO:
Direi – ninguém merece tanto apreço – 700
o que planeja contra mim Creon.

JOCASTA:
Serás bem claro ao denunciar-me a rixa?

ÉDIPO:
Creon afirma: eliminei a Laio.

JOCASTA:
Concluiu por si ou foi por outro instruído?

ÉDIPO:
Enviou o vate para a ação nefasta; 705
pôde manter assim sua língua limpa.

JOCASTA:
Não deixes que esse assunto te aborreça.

A arte da profecia – deves sabê-lo –
não interfere nas questões humanas.
Sucintamente posso demonstrá-lo: 710
outrora Laio recebeu um oráculo
– senão do próprio Apolo, de seus próceres –,
segundo o qual a Moira lhe traria
a morte pelas mãos de um filho nosso.
Mas forasteiros – dizem – o mataram, 715
ladrões na tripla interseção de estradas.
Quanto ao menino, em seu terceiro dia,
Laio amarrou-lhe os pés pelos artelhos,
mandou alguém lançá-lo a um monte virgem.
Assim frustrou-se Apolo: nem o filho 720
assassinou o pai, nem padeceu
o rei – temor maior! – nas mãos do filho,
tal qual fixara o vozerio profético.
Não te ocupes do nada. Quando um deus
tem um desígnio, ele o evidencia. 725

ÉDIPO:
Cinese do pensar, errância psíquica:
tua voz ecoa em mim, subitamente.

JOCASTA:
Que afã te desgoverna enquanto falas?

ÉDIPO:
Tive a impressão de ouvir de ti que Laio
tombou na tripla interseção de estradas. 730

JOCASTA:
Essa é a versão que desde então perdura.

ÉDIPO:
Indica o ponto exato da ocorrência.

JOCASTA:
Chamam-no Fókis, onde se entrecruzam
veredas que vão dar em Dáulia e em Delfos.

ÉDIPO:
Quanto tempo passou desde o assassínio?   735

JOCASTA:
O anúncio do ocorrido antecedeu
um pouco tua chegada e o teu governo.

ÉDIPO:
Que decidiste, ó Zeus, fazer comigo?

JOCASTA:
Que assunto, rei, ocupa o teu espírito?

ÉDIPO:
Pergunta-me depois! Fala de Laio: 740
Qual seu aspecto físico? Que idade?

JOCASTA:
De porte grande, já com fios grisalhos,
os traços dele aos teus se assemelhavam.

ÉDIPO:
Contra mim mesmo – creio – a maldição
acabo de lançar, sem o saber!   745

JOCASTA:
Como, senhor? Mirar-te o rosto assombra.

ÉDIPO:
O arúspice viu certo? – indago exânime.
Confirmarias, clareando um ponto apenas.

JOCASTA:
Me abala o medo, mas direi, se o saiba.

ÉDIPO:
Viajava com escolta reduzida, 750
ou com a tropa, como cabe ao rei?

JOCASTA:
No total eram cinco, o núncio incluído;
o único carro transportava Laio.

ÉDIPO:
Dor! Dor! Tudo se faz diáfano! Esposa,
quem vos passou a informação? Quem foi? 755

JOCASTA:
O servo que sozinho se salvou.

ÉDIPO:
Acaso ele se encontra agora em casa?

JOCASTA:
O homem, ao retornar a Tebas, quando
viu que reinavas em lugar do morto,
tocando as minhas mãos, veio rogar-me: 760
deixasse-o ir ao pasto atrás do gado.
Bem longe dos demais, queria estar.
Embora escravo, não lhe negaria
graça até maior. Dei meu *sim*. Partiu.

ÉDIPO:
Como trazê-lo aqui de volta, logo? 765

JOCASTA:
Não é difícil; mas com qual intuito?

ÉDIPO:
O meu temor, mulher, é ter falado
em demasia. Por isso eu quero vê-lo.

JOCASTA:
Ele virá, senhor. Nem mesmo a mim
é dado conhecer o que te aflige? 770

ÉDIPO:
Nada te ocultarei, chegado ao ápice
da expectativa. Ao deparar-me com
o azar da sorte, quem melhor me escuta?
Políbio, meu pai, era de Corinto;
minha mãe, Mérope, era dória. Máximo 775
na pólis – viam-me assim –, até que o Acaso
impôs-me um caso digno de estupor,
mas, para mim, indigno de desvelo.
Um homem ébrio, já muito alto, num
festim, chamou-me filho putativo. 780
Muito abalado, a duras penas, eu
me contive esse dia. Alvoreceu.
Interroguei meus pais. Sentindo o ultraje,
reagiram contra quem o pronunciara.
Deixaram-me feliz, mas logo aquilo 785
voltou-me a atormentar, e sempre mais.
Fui em sigilo a Delfos, de onde – flâmeo –
Foibos, sem dar-me o prêmio da resposta,

me despediu, mas, num lampejo, disse-me
o que previa: miséria, dor, desastre. 790
Faria sexo com minha própria mãe,
gerando prole horrível de se ver;
seria o algoz do meu progenitor.
Ouvi, fugi da pátria; mensurava
pelo estelário o quanto ela distava. 795
Queria achar um canto onde não visse
cumprir-se a infâmia desse mau oráculo.
Em meu perambular, cheguei ao ponto
em que morreu, segundo afirmas, Laio.
Serei veraz, mulher: quando eu estava 800
perto de onde os caminhos se trifurcam,
cruzei com um arauto; sobre o coche,
sentado, um homem qual o já citado.
Vindo de encontro a mim, o auriga e o velho
me empurraram: devia dar passagem. 805
Colérico, esmurrei meu agressor
– o auriga –, e o velho, vendo-me ladear
o carro, à espreita, com chicotes duplos,
feriu-me bem no meio da cabeça.
Pagou preço maior: no mesmo instante, 810

recebe um golpe do meu cetro. Rola
do carro, ao chão, decúbito dorsal.
Executei o grupo. E, se o estrangeiro
tiver com Laio laços consanguíneos?
Alguém será mais infeliz do que eu, 815
a quem os Sempiternos mais execram?
Proibido ao cidadão e ao forasteiro
falar comigo ou receber-me em casa.
É clara a ordem: devem me expulsar!
Contra mim mesmo impus a maldição. 820

Manchei a tálamo do morto com
as mãos que o assassinaram. Vil, nasci?
Sou todo-nódoa? O exílio se me impôs
e, me exilando, os meus não mais rever,
não mais pisar Corinto, sob o risco   825
de unir-me à minha mãe, matar meu pai,
de quem nasci, com quem eu aprendi.
Erra quem julgue que um demônio cru
sobre o meu ombro fez pesar o azar?
Não, magnitude imácula dos numes,   830
que eu não veja esse dia! Alheio ao mundo
prefiro estar, alguém já não-visível,
antes que sobre mim caia essa mácula.

CORO:
Nos angustiamos, rei. Mas a esperança
mantém, até que a testemunha chegue.   835

ÉDIPO:
Aguardar o pastor, somente e só;
é o que me resta de Élpis – a Esperança.

JOCASTA:
Tão logo chegue, qual tua expectativa?

ÉDIPO:
Explicarei: se com o teu relato
o dele coincidir, já não me aflijo.   840

JOCASTA:
O que eu falei de tão particular?

ÉDIPO:
Ladrões mataram Laio, ele afirmou,

tu o disseste. Se confirmar o número
plural, concluo não ser o matador,
pois o um não pode ser igual a muitos.   845
Se mencionar um só viajante – um único –,
então a culpa incide sobre mim.

JOCASTA:
Eu repeti somente o que era público;
ele não pode, pois, voltar atrás:
toda cidade ouviu, além de mim.   850
Ainda que altere o seu relato prévio,
não provará, nem mesmo assim, o acerto
da profecia. Apolo asseverou
que Laio morreria às mãos do filho.
Sabemos bem que o pobre do garoto   855
já estava morto quando o pai morreu.
Oráculo nenhum, desde essa época,
me leva a olhar aqui ou acolá.

ÉDIPO:
Louvo teu raciocínio; mesmo assim,
envia alguém atrás do servo agora.   860

JOCASTA:
Já cuidei disso. Entremos no palácio.
Satisfazer-te sempre é a minha meta.

CORO:
À sagrada pureza da linguagem
e do afazer, a Moira me destine:
leis – altos pés! – a fixam,   865
geradas através do urânio éter.

Delas o pai é o Olimpo, e só o Olimpo!
Nem as criou o homem perecível,
nem Lete – o oblívio – as adormece. 870
Nelas, um megadeus nunca envelhece.

A desmedida gera a tirania.
A desmedida –
se a infla o excesso vão
do inoportuno e inútil – 875
galgando extremos cimos, decairá
no precipício da necessidade,
onde os pés não têm préstimo.
Eu rogo ao deus:
perdure na cidade a bela pugna! 880
Que à frente eu sempre tenha o deus!

Quem no falar ou no fazer
palmilha a trilha da soberba,
valente contra o justo,
irreverente
com sédes sacras, 885
a Moira má o apanhe,
em paga pelo malfadado fausto –
se acaso lucre um lucro injusto,
se não evite o sacrilégio, 890
se, desvairado, toque no intangível.
Quem nesse estado pode se gabar
de uma psiquê imune
aos dardos da fúria?
Se é honrosa essa conduta, 895
por que seguir o corifeu na dança?

Não mais irei em reverência

ao inviolável ônfalo da Terra
– Delfos –,
ao templo de Abe, à Olímpia, 900
se não se cumprem essas profecias –
se não servem de índice aos mortais.
Zeus Pai, senhor de tudo, não nos faltes,
não falhe o teu império semprevivo. 905
A voz-do-deus rejeitam:
não se perfaz o oráculo de Laio.
Já não reluzem glórias apolíneas.
O divino declina. 910

JOCASTA:
Ocorreu-me, senhores, acorrer
ao templo dos celestes, transportando
a dádiva dos ramos, dos incensos.
Múltiplas dores hiperentorpecem
o ânimo do rei. Já não vê no novo 915
sinais do antigo, como um homem lúcido.
Cede a quem fala, se a fala é de horror.
Por não frutificarem meus conselhos,
rogo-te, Apolo, deus circunvizinho,
com dons votivos, trago minha súplica: 920
a solução sagrada propicia-nos!
Transtorno aterra a pólis toda quando
ao leme vê um piloto acabrunhado.

MENSAGEIRO:
Ando no encalço de Édipo. Sabeis
dizer-me onde se encontra seu palácio? 925
Indicai-me, estrangeiros, onde o acho!

CORO:
Ali se encontra o rei, em sua morada.
Sua esposa é aquela, a mãe dos filhos dele.

MENSAGEIRO:
Augúrio a ti, augúrio a quem te siga,
pleniperfeita dama do monarca. 930

JOCASTA:
Mereces, forasteiro, os mesmos votos
por tua linguagem tão cortês. Informa:
o que te traz aqui, algum anúncio?

MENSAGEIRO:
Notícia grata ao lar e ao teu marido.

JOCASTA:
Revela a nova! Vens de que cidade? 935

MENSAGEIRO:
Corinto. Ouvindo quanto eu comunico,
terás prazer por certo e dor, talvez.

JOCASTA:
O que é? Tem senso duplo o teu dizer.

MENSAGEIRO:
Segundo corre, os ístmios já se aprontam
para fazer do teu marido rei. 940

JOCASTA:
O ancião Políbio não governa mais?

MENSAGEIRO:
Tânatos vela a sepultura dele.

JOCASTA:
Estás dizendo que morreu Políbio?

MENSAGEIRO:
Que me atinja um raio, se propago o falso!

JOCASTA:
Fâmula, por que tardas a informar 945
o senhor? Profecias dos numes, como
ficais agora? Há muito o rei fugiu,
para evitar assassinar Políbio;
e hoje levou-o o fado e não seu golpe.

ÉDIPO:
Minha cara Jocasta, esposa amada, 950
por que trazer-me aqui fora do paço?

JOCASTA:
Ouve este mensageiro e considera
aonde o esplendor do oráculo nos leva.

ÉDIPO:
Do que se trata, o que nos vem dizer?

JOCASTA:
Oriundo de Corinto, nos informa 955
o passamento de teu pai Políbio.

ÉDIPO:
Desejo ouvir de ti, estrangeiro. Fala!

MENSAGEIRO:
Irei direto ao cerne da mensagem:
Políbio para sempre nos deixou.

ÉDIPO:
O que o matou, moléstia ou foi complô? 960

MENSAGEIRO:
Um sopro fraco abate um corpo idoso.

ÉDIPO:
Enfermidade então levou o velho.

MENSAGEIRO:
Além da macromedição de Cronos.

ÉDIPO:
Mulher, qual o sentido de observar
o recinto profético de Píton, 965
as aves, como ululam céu acima?
Não me cabia matar meu próprio pai?
Agora sob a terra jaz; sequer
toquei em minha espada. A *causa mortis*
foi minha ausência? Então serei culpado. 970
Políbio tais oráculos consigo
levou ao Hades, letra morta, nada.

JOCASTA:
Não era o que eu há muito predizia?

ÉDIPO:
Mas à mercê do medo eu me encontrava.

JOCASTA:
Pois deixa de afligir teu coração! 975

ÉDIPO:
Dormir com minha mãe ainda me assusta.

JOCASTA:
Fará sentido o padecer humano,

se o Acaso impera e a previsão é incerta?
Melhor viver ao léu, tal qual se pode.
Não te amedronte o enlace com tua mãe, 980
pois muitos já dormiram com a mãe
em sonhos. Quem um fato assim iguala
a nada, faz sua vida bem mais fácil.

ÉDIPO:
Nenhum reparo ao teu discurso, esposa,
se a mãe que me gerou não mais vivesse. 985
Tua fala bela não me anula o medo.

JOCASTA:
A tumba do pai, olho enorme a guiar-te.

ÉDIPO:
Enorme, eu sei. Mas ela vive e eu temo.

MENSAGEIRO:
Mas qual mulher vos amedronta tanto?

ÉDIPO:
Mérope, velho, a esposa de Políbio. 990

MENSAGEIRO:
E o que ela tem que vos atemoriza?

ÉDIPO:
Do deus provém um duro vaticínio.

MENSAGEIRO:
É público ou dizê-lo não é lícito?

ÉDIPO:
É lícito. Meu fado – Apolo disse –
seria fazer amor com minha mãe, 995
das mãos vertendo o sangue de meu pai.
Eis o motivo pelo qual Corinto
virou lugar longínquo. Tive o bem
do acaso, mas rever meus pais, quem dera!

MENSAGEIRO:
O exílio decorreu desse pavor? 1000

ÉDIPO:
Quis evitar também matar meu pai.

MENSAGEIRO:
Por que não pus um fim no teu temor,
se aqui cheguei com intenções honestas?

ÉDIPO:
De mim receberás um prêmio digno.

MENSAGEIRO:
Pois vim principalmente para obter, 1005
quando ao lar retornares, uma dádiva.

ÉDIPO:
A mim jamais verás no lar paterno.

MENSAGEIRO:
É claro, filho: ignoras quanto fazes.

ÉDIPO:
Como, ancião? Pelos numes, dá-me um norte!

MENSAGEIRO:
Se esse casal é a causa de tua fuga... 1010

ÉDIPO:
Eu temo a flâmea lucidez de Foibos.

MENSAGEIRO:
Temes contrair o miasma de teus pais.

ÉDIPO:
Exatamente: é a sina que me assombra.

MENSAGEIRO:
Pois não tem fundamento o teu pavor.

ÉDIPO:
Mas como, se eles são meus genitores? 1015

MENSAGEIRO:
Não tinhas parentesco com Políbio.

ÉDIPO:
Como? Políbio não me deu a vida?

MENSAGEIRO:
Nem mais nem menos que este com quem falas.

ÉDIPO:
Então devo concluir: ninguém me fez?

MENSAGEIRO:
Nem ele te gerou, nem eu gerei. 1020

ÉDIPO:
Por que Políbio me dizia: meu filho?

MENSAGEIRO:
De mim – direi! – te recebeu: um dom.

ÉDIPO:
Por que tão grande amor se eu vim de um outro?

MENSAGEIRO:
Falta de um filho explica-lhe o querer.

ÉDIPO:
Fui dom comprado ou fui um dom do acaso? 1025

MENSAGEIRO:
Te achei no estreito escuro do Citero.

ÉDIPO:
Com qual escopo andavas por ali?

MENSAGEIRO:
Do rebanho montês me encarregava.

ÉDIPO:
Eras pastor e pela paga erravas?

MENSAGEIRO:
Teu salvador – diria – àquela altura. 1030

ÉDIPO:
Quando me ergueste, eu tinha alguma dor?

MENSAGEIRO:
Teus pés dão, por si sós, um testemunho.

ÉDIPO:
Por que recordas esse mal remoto?

MENSAGEIRO:
Livrei teus pés, furados nos extremos.

ÉDIPO:
Infâmia que me avilta desde o berço.   1035

MENSAGEIRO:
Fortuna assina no teu nome a sina.

ÉDIPO:
E quem me deu o nome? Pelos numes!

MENSAGEIRO:
Quem me fez a doação talvez o saiba.

ÉDIPO:
A um outro coube o acaso de encontrar-me?

MENSAGEIRO:
Te recebi das mãos de outro pastor.   1040

ÉDIPO:
Quem é? Tu podes identificá-lo?

MENSAGEIRO:
Segundo consta, um servidor de Laio.

ÉDIPO:
Do rei que outrora governava Tebas?

MENSAGEIRO:
Precisamente; a mais ninguém servia.

ÉDIPO:
Ele ainda vive? A minha ideia é vê-lo.   1045

MENSAGEIRO:
Devem sabê-lo os homens da cidade.

ÉDIPO:
Alguém presente pode me dizer
quem é o pastor por ele mencionado?
Ninguém o viu no campo ou na cidade?
Esta é a ocasião de esclarecermos tudo!   1050

CORO:
Ouso opinar que esse homem e o pastor
buscado são idêntica pessoa.
Melhor do que ninguém dirá Jocasta.

ÉDIPO:
Esposa, quem há pouco procurávamos
é o mesmo que ele agora nos menciona?   1055

JOCASTA:
Que te importa saber de quem se fala?
Esquece! É vão rememorar palavras.

ÉDIPO:
Impossível, com base em tais indícios,
deixar de elucidar a minha origem.

JOCASTA:
Pelos deuses! Se tem valor tua vida,　　　　　　　1060
imploro, pára! Basta o meu sofrer.

ÉDIPO:
Tem brio! Mesmo se eu for escravo ao triplo
– de mãe da mãe da mãe –, o mal é meu.

JOCASTA:
Mas eu, contudo, insisto: encerra a busca!

ÉDIPO:
Só encerro quando tudo esclarecer.　　　　　　　1065

JOCASTA:
Desejo-te o melhor, quando te falo.

ÉDIPO:
Há muito esse melhor só me angustia.

JOCASTA:
Pudesses ignorar tua identidade!

ÉDIPO:
Alguém me traz aqui o pastor ou não?
Que ela se gabe de sua rica estirpe!　　　　　　　1070

JOCASTA:
Ai, infeliz! É o termo que melhor
contigo casa, agora e no porvir.

CORO:
Selvagem dor inquieta tua mulher

em sua partida. Qual motivo? Eu temo
que do silêncio dela irrompa um mal.   1075

ÉDIPO:
Irrompa o que ela queira! A mim me obceca
saber da minha origem, mesmo baixa.
Talvez o orgulho – um traço feminino –
explique o seu desprezo por meu berço.
Filho de Týkhe, assim me denomino!   1080
Me deste o bem, não ficarei sem honra,
Acaso-Týkhe-Mãe. Me demarcaram
os meses de nascença: grande e mínimo.
Nascido assim, não posso ser diverso,
deixando inexplorada a minha gênese.   1085

CORO:
Pelo Olimpo!
Se sou clarividente,
alguém dotado de intuição certeira,
Citero,
ao plenilúnio de amanhã,   1090
não mais serás espaço sem limites:
te exaltam – mãe, nutriz, a pátria de Édipo!
Dançaremos em tua honra –
de ti provém o júbilo do rei.   1095
Apolo,
senhor do grito lenitivo,
que te agrade a festa!

Quem te gerou, menino?
Que ninfa sempreviva
acolheu Pã,   1100
em trânsito nos píncaros?

Que ninfa foi atrás do oblíquo Lóxias,
a quem apraz o plaino das pastagens?
A Hermes, senhor Cilênio, ou
ao deus do frenesi bacante, 1105
cuja morada é o pico das montanhas,
uma das ninfas do Hélicon – seu par
no prazer – te ofertou, recém-achado?

ÉDIPO:
Senhores, eu jamais travei contato 1110
com o pastor há muito procurado.
Arriscarei dizer, porém, que o vejo.
Velho na idade, àquele este é simétrico.
Meus servos o conduzem. Reconheço-os.
Melhor do que ninguém deves sabê-lo, 1115
pois o pastor o viste anteriormente.

CORO:
Tenho total certeza de que é ele.
Pastor, mais que ninguém foi fiel a Laio.

ÉDIPO:
Coríntio, eu quero ouvir primeiro a ti:
a ele te referias?

MENSAGEIRO:
Aquele é quem tu vês. 1120

ÉDIPO:
Olhos nos olhos, velho, a quanto indague,
responde: pertenceste outrora a Laio?

SERVO:
Cresci no paço, um servo, não comprado.

ÉDIPO:
Qual afazer te garantia a vida?

SERVO:
Toquei por quase toda vida o gado.   1125

ÉDIPO:
Por onde preferencialmente andavas?

SERVO:
Pelo Citero e suas imediações.

ÉDIPO:
Por acaso conheces aquele homem?

SERVO:
Se ocupava de quê? De quem tu falas?

ÉDIPO:
Daquele ali. Alguma vez o viste?   1130

SERVO:
Não me recordo assim abruptamente.

MENSAGEIRO:
Não me surpreendo, rei. Mas vou lembrá-lo
do que afirma ignorar, pois é impossível
ter apagado da memória os tempos
do Citero. Eu tocava um só rebanho,   1135
e ele, dois. Três períodos de convívio,

da primavera até surgir Arcturo.
No inverno, eu recolhia a grei ao estábulo,
enquanto ele abrigava os bois de Laio.
Confere ou não confere com os fatos? 1140

SERVO:
Muito passou, mas não alteras nada.

MENSAGEIRO:
Recordas que um menino então me deste,
para eu dele cuidar, qual fora um filho?

SERVO:
O que pretendes com toda essa história?

MENSAGEIRO:
Este senhor, meu caro, é aquela criança. 1145

SERVO:
Vai para o inferno! Cala tua matraca!

ÉDIPO:
Não o censures, velho! Tua linguagem
merece mais censura do que a dele.

SERVO:
Onde eu errei, senhor inigualável?

ÉDIPO:
Calando sobre a criança mencionada. 1150

SERVO:
Ele ignora o que diz, perde seu tempo.

ÉDIPO:
Por bem não falas? Falarás chorando!

SERVO:
Invoco os numes: poupa um homem velho!

ÉDIPO:
Por que a demora em lhe amarrar as mãos?

SERVO:
Tristeza! A que vem isso? Qual tua dúvida? 1155

ÉDIPO:
O garoto em questão, a ele o entregaste?

SERVO:
Sim. Por que eu não morri naquela data?

ÉDIPO:
Pois morrerás, calando o que não deves.

SERVO:
E se eu falar, há de vir pior morte.

ÉDIPO:
O velho, ao que parece, ganha tempo. 1160

SERVO:
De modo algum. Não disse que eu o dei?

ÉDIPO:
E qual a procedência do menino?

SERVO:
Não era meu; de alguém o recebi.

ÉDIPO:
De alguém da pólis? Onde ele reside?

SERVO:
Para de investigar, suplico, mestre!   1165

ÉDIPO:
És homem morto, se de novo indago.

SERVO:
Pois bem; de alguém do círculo de Laio.

ÉDIPO:
Nasceu escravo; é filho do palácio?

SERVO:
Estou a ponto de falar o horror.

ÉDIPO:
E eu de ouvi-lo; mas é preciso ouvir.   1170

SERVO:
Filho do rei, diziam. Lá dentro está
quem pode dar detalhes: tua mulher.

ÉDIPO:
Foi ela quem te deu a criança?

SERVO:
Exatamente, rei.

ÉDIPO:
Com que finalidade?

SERVO:
Para dar cabo dele.

ÉDIPO:
A própria mãe? Incrível!

SERVO:
Temia um mau oráculo.   1175

ÉDIPO:
Qual?

SERVO:
Seria o matador dos pais – diziam.

ÉDIPO:
Por que motivo então o deste ao velho?

SERVO:
Me condoí. Pensei: ao seu país
de origem levará o menino. Para
um mal maior, salvou-o. Se és quem ele   1180
diz, crê: nasceste para a desventura.

ÉDIPO:
Tristeza! Tudo agora transparece!
Recebe, luz, meu derradeiro olhar!
De quem, com quem, a quem – sou triplo equívoco:
ao nascer, desposar-me, assassinar!   1185

CORO:
Estirpe humana,
o cômputo do teu viver é nulo.
Alguém já recebeu do demo um bem   1190
não limitado a aparecer
e a declinar
depois de aparecer?
És paradigma,
o teu demônio é paradigma, Édipo:
mortais não participam do divino.   1195

Com a hipérbole do arco,
lograste o plenifausto
do bom-demônio.
Por Zeus!
Tu abateste a Esfinge,
– a virgem de unhas curvas! –,
com seu canto-vaticínio.
Em prol da pátria então se ergueu   1200
uma torre contra Tânatos.
E houve o clamor (também clamei):
Basileu!
Te coube a distinção extrema:
reinar em Tebas, a magnífica!

Quem tem reputação mais triste agora?
Quem sofre tanta dor, tão dura agrura,   1205
no revés da vida?
Ínclito chefe, Édipo!
Um só porto, um único
bastou ao pai e ao filho
no serviço das núpcias –
cair, subindo ao tálamo.

Como o campo semeado pelo pai,
silente, te acolheu por tanto tempo? 1210

Malgrado teu,
a pan-visão de Cronos te descobre:
faz muito julga núpcias anti-núpcias –
o gerar e o gerado. 1215
Filho de Laio,
jamais quisera ver-te!
Lamento sem limite:
da boca saem-me nênias.
Serei veraz: me deste alento, 1220
na escuridão meus olhos adormeço.

ARAUTO:
Magnos senhores! Cidadãos eméritos!
Sofre a visão, o ouvido sofre, sofre
o coração de quem ainda mantém 1225
com os Labdácidas sinceros laços.
Purificar o paço do que oculta?
Nem o Danúbio – penso –, nem o Fásis.
Males virão à luz em breve, males
voluntários e não-involuntários. 1230
As piores dores são as auto-impostas.

CORO:
Nos pesam demasiadamente os fatos
conhecidos. O que nos acrescentas?

ARAUTO:
A mensagem mais rápida a quem diz
e a quem ouve: morreu Jocasta, augusta. 1235

CORO:
Pobre mulher! E como faleceu?

ARAUTO:
Foi ela versus ela. Mas os olhos
não presenciaram o ato mais doído.
Tanto quanto a memória me permita,
conhecerás seu triste padecer: 1240
tão logo ultrapassou o umbral do tálamo,
jogou-se ao leito a dama enfurecida,
repuxando – ambidestra – a própria coma.
Entrou, por dentro aferrolhou a câmara,
chamando Laio, apenas um cadáver. 1245
E recordava a gravidez: dali
proviera a morte dele e a gestação
de sua degenerada descendência.
Chorava o leito em que gerara em dobro:
nato do esposo o esposo; de seu filho, 1250
filhos. Não sei como ela faleceu.
Urrando o rei entrou e não pudemos
testemunhar o perfazer da morte;
mirávamos os giros de seus passos.
No vai-e-vem, demanda a própria espada 1255
e a esposa não esposa, dupla seara
maternal, dele e de seus filhos todos.
Ao transtornado, um demo a indica, e não
qualquer de nós que estávamos presentes.
Com grito horrível, como se o puxassem, 1260
arremessou-se contra as portas duplas
e entrou, forçando os gonzos dos encaixes.
Ali, suspensa, a vimos, nossa rainha,
pela rosca da corda estrangulada.
Urro brutal à frente, o rei desata 1265

o laço aéreo. A pobre então repousa
e um espetáculo terrível se arma.
Ele arrancou das vestes de Jocasta
os fechos de ouro com que se adornava,
e, erguendo as mãos, o círculo dos olhos 1270
golpeou. Gritava então que não veriam
o mal causado nem o mal sofrido,
mas no porvir-negror veriam quem não
deviam, sem conhecer quem lhes faltava.
Um hino funerário! E, abrindo as pálpebras, 1275
golpeava repetidamente os olhos.
Pupilas rubras banham sua barba.
Não era um gotejar sanguíneo, mas
um chover de granizos-melanina.
O mal rompeu da dupla, e não de um único; 1280
o mal uniu os dois maritalmente.
O júbilo de antanho fora um júbilo
veraz. Agora, choro, ruína, Tânatos,
vergonha, afronta, quanto se nomeie
da catástrofe, tudo está presente! 1285

CORO:
Dá trégua à dor agora o sem-ventura?

MENSAGEIRO:
Manda abrir os portais aos gritos: mostrem
o parricida, alguém com cuja mãe...
não ouso repetir-lhe os termos ímpios!
Quer o desterro, quer deixar o paço, 1290
conforme a maldição que proferira.
Falta-lhe força, além de um condutor;
o mal lhe pesa demasiadamente.
De mais ninguém se oculta: já destrancam

os portais. Tu verás um espetáculo 1295
de causar pena até nos desafetos.

CORO:
Terrível presenciar o teu sofrer!
De tudo quanto eu vi, o mais terrível!
Que delírio, infeliz, te atropelou?
Qual deus-demônio, de um só salto, 1300
transpassa uma distância máxima,
impondo os pés sobre tua moira demoníaca?
Triste Édipo!
Se te encaro, esmoreço. E havia
tanto a inquirir,
tanto a saber, 1305
tanto a sondar!
Tremor sem par em mim suscitas.

ÉDIPO:
Dor! Agrura!
Aonde levam meu peso-morto?
Minha voz voa longe: aonde? 1310
Aonde me arrojas, deus-demônio?

CORO:
A um horror não audível, não visível.

ÉDIPO:
Minha nuvem-negror!
Teu vai-e-vem é intraduzível,
sem domador, sem norte! 1315
Desgraça e mais desgraça!
Me invade a fúria
do acicate e a memória da miséria.

CORO:
Não surpreende que, em meio a tanto horror,
chores em dobro, em dobro o fardo pese. 1320

ÉDIPO:
Amigo,
ainda manténs por mim o teu apreço;
de um cego ainda te ocupas.
Tristeza!
Percebo tua presença. Da penumbra, 1325
tua voz eu reconheço claramente.

CORO:
Como pôdes ferir assim teus olhos?
Tua ação assombra! Um deus te ensandeceu?

ÉDIPO:
Apolo o fez, amigos, Apolo
me assina a sina má: pena apenas. 1330
Ninguém golpeou-me,
além das minhas mãos.
Ver – por quê? –,
se só avisto amarga vista? 1335

CORO:
É exatamente como o dizes.

ÉDIPO:
A mim é dado ver, amar? O quê?
Tirar prazer de uma conversa, amigos?
Levai-me para longe, agora! 1340
Levai-me, grão-nefando, amigos!
O maldito-mor, 1345
o mais odioso face aos deuses.

CORO:
Fado infeliz, espírito infeliz.
Melhor que não soubesses nada! Nunca!

ÉDIPO:
Antes morrera quem meus pés
– seja quem for! – 1350
livrou das duras travas, no ermo campo.
O que ele fez não foi favor.
Morto, tamanha dor eu evitara
aos amigos e a mim. 1355

CORO:
Concordo totalmente.

ÉDIPO:
Não teria sido um parricida,
de mim ninguém diria: esposo
de quem lhe deu a vida.
Sem deus agora, filho de sacrílegos, 1360
em homogênese com quem me fez.
Se prévio a um mal existe um mal
maior, a mim coube vivê-lo. 1365

CORO:
Difícil aprovar tua atitude.
Melhor não ser do que viver na treva.

ÉDIPO:
Não venhas com um tom professoral
dizer-me o que é melhor, me dar conselhos. 1370
Com que olhos poderia encarar meu pai,
além de minha mãe, descendo ao Hades?

Estrangular-me não faria justiça
a quanto cometi contrário à dupla.
Poderia desejar à minha frente 1375
ter meus filhos, nascidos tais e quais?
Vedada é essa visão ao meu olhar.
E quanto à pólis, quanto ao muro, quanto
aos deuses, sacro amálgama de estátuas?
Pan-infeliz, de tudo eu me privei, 1380
– alguém que ao máximo chegou em Tebas –,
ao decretar o isolamento do ímpio,
de um homem revelado impuro pelos
deuses e pelo clã de Laio. Como
olhar alguém no rosto, assim manchado? 1385
Impossível! Pudesse pôr no ouvido
lacre auditivo, e eu não hesitaria
em isolar meu pobre corpo: surdo,
além de cego. Doce é o pensamento
que não hospeda o mal em sua morada. 1390
Por que, Citero, não me rejeitaste,
ou, me acolhendo, não me assassinaste?
O mundo ignoraria a minha origem.
Ó Políbio, ó antigo paço pátrio
(me diziam), ó Corinto, belo príncipe 1395
criastes: velava um ser nefasto. É claro:
um homem vil nascido de dois vis.
Caminhos trifurcados, vale fosco,
arvoredo, junção da rota tríplice,
bebestes sangue meu, sangue paterno, 1400
que minhas mãos verteram. Recordais?
Os crimes cometidos junto a vós,
eu os multipliquei, chegando a Tebas.
Geraste-me, conúbio, e germinaste,
semeando o mesmo sêmen. Revelaste 1405

pais, irmãos, filhos – tribo homossanguínea –,
fêmeas, mulheres-mães, o quanto houver
de mais abominável entre os homens.
O que não é belo de dizer, não é belo
de fazer. Pelos deuses, me ocultai   1410
alhures, logo. Me arrojai à cripta
talássea, onde jamais alguém me aviste.
Apavora-vos pôr as mãos num pária?
Temor improcedente: o mal é meu;
além de mim, não há quem o suporte.   1415

CORO:
Creon chegou e corresponderá
ao teu anseio em atos e em conselhos:
nosso único guardião, em teu lugar.

ÉDIPO:
Difícil encontrar o tom correto.
Que lhe dizer, para legitimar-me,   1420
se outrora fui com ele atroz em tudo?

CREON:
Não venho com intuito zombeteiro,
nem para reprovar-te o mal de outrora.
Se os homens não merecem mais respeito,
a Hélios-Sol, pan-nutridor, honrai   1425
– senhor-da-flama –, e não deixai a mácula
assim exposta. A Terra-Gaia e mais
a chuva sacra e a luz recusam Édipo.
Cabe levá-lo à sua morada rápido.
Ouvir e ver o mal de alguém restringe-se   1430
– é lei divina – aos membros da família.

ÉDIPO:
Alívio! Não se cumpre o que eu previa –
ao pior dos homens o melhor acode.
Ouve-me; falarei em teu favor.

CREON:
Por que todo esse empenho? O que pretendes?   1435

ÉDIPO:
Manda-me embora logo desta terra,
aonde ninguém a mim dirija a voz.

CREON:
Teria sido esse o meu procedimento,
não se devesse ouvir o deus primeiro.

ÉDIPO:
Mas seu pronunciamento foi claríssimo: 1440
eliminar o parricida, o impuro.

CREON:
Assim o disse, mas a situação
é tal que dele espero a diretriz.

ÉDIPO:
Por que sondá-lo por um miserável?

CREON:
Uma ocasião de crer no deus terias.   1445

ÉDIPO:
E a ti ordeno e a ti exortarei:
enterra a que no paço jaz, cumprindo

tu mesmo, pelos teus, o que é devido.
E quanto a mim, enquanto eu viva, a pólis
pátria jamais me julgue digno dela.   1450
Que eu parta para o monte cujo nome
se liga a mim: Citero – meu sepulcro! –,
como meu pai e minha mãe queriam.
O que em vida buscaram, tenham mortos!
Mas direi: nem me arruinará doença,   1455
nem outra causa. Antes, quase morto,
se eu me salvei, foi para um mal terrível.
Que a Moira me encaminhe ao meu destino!
Minha linhagem masculina não
requer cuidados; homens, saberão   1460
escapar à penúria, onde estiverem.
Já minhas filhas tão amesquinhadas,
que à minha mesa sempre se sentavam
perto de mim, comigo degustando
tudo o que me servissem no repasto,   1465
precisam de atenção. Deixa eu tocá-las,
deixa com ambas lamentar a dor.
Senhor! Atende-me,
nobre nato! Se minhas mãos as tocam,
será como antes, quando ao lado as via.   1470
Deliro?
Escuto as duas se desmanchando em lágrimas?
Creon condoeu-se e conduziu aqui
meu bem de mais valor, as minhas filhas?
Será possível?   1475

CREON:
Tomei a providência eu mesmo, certo
de propiciar a ti o prazer antigo.

ÉDIPO:
Te ajude o Acaso e o nume em teu caminho
coloque o bem do acaso que eu não tive.
Aproximai-vos, filhas – onde estais? –, 1480
tocai as mãos irmãs, as minhas mãos,
que vos fizeram ver assim os olhos
antes radiosos de quem vos gerou.
Sem nada perceber ou suspeitar,
onde eu fora semeado fiz-me pai. 1485
Choro por vós, pois não vos posso olhar,
pensando no amargor da vida que
o convívio com outros vos reserva.
A qual encontro ou festa não ireis
na pólis, sem voltar à casa aos prantos, 1490
excluídas dos prazeres do espetáculo?
E quando vier a época das núpcias,
quem se apresentará, quem correrá
o risco de também sofrer injúria,
desastre de meus pais, de minhas filhas? 1495
Falta algum mal? Ao pai o pai das duas
assassinou, semeou o campo em que
fora ele mesmo fecundado. De onde
ele próprio nasceu, gerou as filhas.
Acumulam-se injúrias. Quem vos quer? 1500
Ninguém se comprometerá. Espera-vos
um declinar estéril, sem noivado.
Creon Menécio, a paternidade de ambas
cabe somente a ti: o par que as pôs
no mundo é morto. Impede que sobrinhas 1505
andem ao léu, à míngua, sem marido.
Não as rebaixes ao meu nível mau.
Tem pena! Vê: na flor da idade e falta-
-lhes tudo, salvo o que de ti provier.

Vai! Pondo a mão em mim, senhor, diz sim. 1510
Maduras no pensar, escutaríeis
mil conselhos. Rogai, por mim, aos deuses!
Vivei, seja qual for a circunstância.
Colhei de Bios o que eu não conheci.

CREON:
Põe fim ao teu lamento e volta ao paço! 1515

ÉDIPO:
Se não tenho outra escolha, volto.

CREON:
Tudo no tempo certo é belo.

ÉDIPO:
Mas, sabe, condiciono a volta.

CREON:
Saberei, se o disseres.

ÉDIPO:
Me expulsa do país.

CREON:
Pedes um dom divino.

ÉDIPO:
Sou quem os deuses mais odeiam.

CREON:
O que pedes terás então.

ÉDIPO:
Consentes?

CREON:
Não falo em vão o que eu não penso. 1520

ÉDIPO:
Leva-me embora já!

CREON:
Vai, mas tuas filhas ficam.

ÉDIPO:
Privar-me delas? Não!

CREON:
Não queiras poder tudo!
Do poder não ficou rastro em tua vida.

CORO:
Olhai o grão-senhor, tebanos, Édipo,
decifrador do enigma insigne. Teve 1525
o bem do Acaso – Týkhe –, e o olhar de inveja
de todos. Sofre à vaga do desastre.
Atento ao dia final, homem nenhum
afirme: *eu sou feliz!*, até transpor
– sem nunca ter sofrido – o umbral da morte. 1530

ΟΙΔΙΠΟΥΣ ΤΥΡΑΝΝΟΣ

ΟΙΔΙΠΟΥΣ

   Ὦ τέκνα, Κάδμου τοῦ πάλαι νέα τροφὴ,
τίνας ποθ' ἕδρας τάσδε μοι θοάζετε
ἱκτηρίοις κλάδοισιν ἐξεστεμμένοι;
πόλις δ' ὁμοῦ μὲν θυμιαμάτων γέμει,
ὁμοῦ δὲ παιάνων τε καὶ στεναγμάτων·   5
ἁγὼ δικαιῶν μὴ παρ' ἀγγέλων, τέκνα,
ἄλλων ἀκούειν αὐτὸς ὧδ' ἐλήλυθα,
ὁ πᾶσι κλεινὸς Οἰδίπους καλούμενος.
   ἀλλ', ὦ γεραιὲ, φράζ', ἐπεὶ πρέπων ἔφυς
πρὸ τῶνδε φωνεῖν, τίνι τρόπῳ καθέστατε,   10
δείσαντες, ἢ στέρξαντες; ὡς θέλοντος ἂν
ἐμοῦ προσαρκεῖν πᾶν· δυσάλγητος γὰρ ἂν
εἴην τοιάνδε μὴ κατοικτίρων ἕδραν.

ΙΕΡΕΥΣ

   ἀλλ', ὦ κρατύνων Οἰδίπους χώρας ἐμῆς,
ὁρᾷς μὲν ἡμᾶς ἡλίκοι προσήμεθα   15
βωμοῖσι τοῖς σοῖς· οἱ μὲν οὐδέπω μακρὰν
πτέσθαι σθένοντες, οἱ δὲ σὺν γήρᾳ βαρεῖς

ἱερῆς, ἐγὼ μὲν Ζηνὸς, οἵδε τ' ἠθέων
λεκτοί· τὸ δ' ἄλλο φῦλον ἐξεστεμμένον
ἀγοραῖσι θακεῖ, πρός τε Παλλάδος διπλοῖς 20
ναοῖς, ἐπ' Ἰσμηνοῦ τε μαντείᾳ σποδῷ.
πόλις γὰρ, ὥσπερ καὐτὸς εἰσορᾷς, ἄγαν
ἤδη σαλεύει κἀνακουφίσαι κάρα
βυθῶν ἔτ' οὐχ οἵα τε φοινίου σάλου,
φθίνουσα μὲν κάλυξιν ἐγκάρποις χθονὸς, 25
φθίνουσα δ' ἀγέλαις βουνόμοις, τόκοισί τε
ἀγόνοις γυναικῶν· ἐν δ' ὁ πυρφόρος θεὸς
σκήψας ἐλαύνει, λοιμὸς ἔχθιστος, πόλιν,
ὑφ' οὗ κενοῦται δῶμα Καδμεῖον· μέλας δ'
Ἅιδης στεναγμοῖς καὶ γόοις πλουτίζεται. 30
θεοῖσι μέν νυν οὐκ ἰσούμενόν σ' ἐγὼ
οὐδ' οἵδε παῖδες ἑζόμεσθ' ἐφέστιοι,
ἀνδρῶν δὲ πρῶτον ἔν τε συμφοραῖς βίου
κρίνοντες ἔν τε δαιμόνων ξυναλλαγαῖς·
ὅς γ' ἐξέλυσας ἄστυ Καδμεῖον μολὼν 35
σκληρᾶς ἀοιδοῦ δασμὸν ὃν παρείχομεν,
καὶ ταῦθ' ὑφ' ἡμῶν οὐδὲν ἐξειδὼς πλέον
οὐδ' ἐκδιδαχθείς, ἀλλὰ προσθήκῃ θεοῦ
λέγει νομίζει θ' ἡμὶν ὀρθῶσαι βίον.
νῦν τ', ὦ κράτιστον πᾶσιν Οἰδίπου κάρα, 40
ἱκετεύομέν σε πάντες οἵδε πρόστροποι
ἀλκήν τιν' εὑρεῖν ἡμὶν, εἴτε του θεῶν
φήμην ἀκούσας εἴτ' ἀπ' ἀνδρὸς οἶσθά που.
ὡς τοῖσιν ἐμπείροισι καὶ τὰς ξυμφορὰς
ζώσας ὁρῶ μάλιστα τῶν βουλευμάτων. 45
ἴθ', ὦ βροτῶν ἄριστ', ἀνόρθωσον πόλιν.
ἴθ', εὐλαβήθηθ'· ὡς σὲ νῦν μὲν ἥδε γῆ
σωτῆρα κλῄζει τῆς πάρος προθυμίας·
ἀρχῆς δὲ τῆς σῆς μηδαμῶς μεμνώμεθα
στάντες τ' ἐς ὀρθὸν καὶ πεσόντες ὕστερον, 50
ἀλλ' ἀσφαλείᾳ τήνδ' ἀνόρθωσον πόλιν.

ὄρνιθι γὰρ καὶ τὴν τότ' αἰσίῳ τύχην
παρέσχες ἡμῖν, καὶ τὰ νῦν ἴσος γενοῦ.
ὡς, εἴπερ ἄρξεις τῆσδε γῆς, ὥσπερ κρατεῖς,
ξὺν ἀνδράσιν κάλλιον ἢ κενῆς κρατεῖν. 55
ὡς οὐδέν ἐστιν οὔτε πύργος οὔτε ναῦς
ἔρημος ἀνδρῶν μὴ ξυνοικούντων ἔσω.
ΟΙ. ὦ παῖδες οἰκτροί, γνωτὰ κοὐκ ἄγνωτά μοι
προσήλθεθ' ἱμείροντες. εὖ γὰρ οἶδ' ὅτι
νοσεῖτε πάντες, καὶ νοσοῦντες, ὡς ἐγὼ 60
οὐκ ἔστιν ὑμῶν ὅστις ἐξ ἴσου νοσεῖ.
τὸ μὲν γὰρ ὑμῶν ἄλγος εἰς ἕν' ἔρχεται
μόνον καθ' αὑτόν, κοὐδέν' ἄλλον, ἡ δ' ἐμὴ
ψυχὴ πόλιν τε κἀμὲ καὶ σ' ὁμοῦ στένει.
ὥστ' οὐχ ὕπνῳ γ' εὕδοντά μ' ἐξεγείρετε, 65
ἀλλ' ἴστε πολλὰ μέν με δακρύσαντα δή,
πολλὰς δ' ὁδοὺς ἐλθόντα φροντίδος πλάνοις.
ἣν δ' εὖ σκοπῶν ηὕρισκον ἴασιν μόνην,
ταύτην ἔπραξα· παῖδα γὰρ Μενοικέως
Κρέοντ', ἐμαυτοῦ γαμβρόν, ἐς τὰ Πυθικὰ 70
ἔπεμψα Φοίβου δώμαθ', ὡς πύθοιθ' ὅ τι
δρῶν ἢ τί φωνῶν τήνδε ῥυσαίμην πόλιν.
καί μ' ἦμαρ ἤδη ξυμμετρούμενον χρόνῳ
λυπεῖ τί πράσσει· τοῦ γὰρ εἰκότος πέρα
ἄπεστι πλείω τοῦ καθήκοντος χρόνου. 75
ὅταν δ' ἵκηται, τηνικαῦτ' ἐγὼ κακὸς
μὴ δρῶν ἂν εἴην πάνθ' ὅσ' ἂν δηλοῖ θεός.
ΙΕ. ἀλλ' ἐς καλὸν σύ τ' εἶπας οἵδε τ' ἀρτίως
Κρέοντα προσστείχοντα σημαίνουσί μοι.
ΟΙ. ὦναξ Ἄπολλον, εἰ γὰρ ἐν τύχῃ γέ τῳ 80
σωτῆρι βαίη λαμπρὸς ὥσπερ ὄμματι.
ΙΕ. ἀλλ' εἰκάσαι μέν, ἡδύς· οὐ γὰρ ἂν κάρα
πολυστεφὴς ὧδ' εἷρπε παγκάρπου δάφνης.
ΟΙ. τάχ' εἰσόμεσθα· ξύμμετρος γὰρ ὡς κλύειν.
ἄναξ, ἐμὸν κήδευμα, παῖ Μενοικέως, 85
τίν' ἡμὶν ἥκεις τοῦ θεοῦ φήμην φέρων;

ΟΙΔΙΠΟΥΣ ΤΥΡΑΝΝΟΣ

ΚΡΕΩΝ
ἐσθλήν· λέγω γὰρ καὶ τὰ δύσφορ', εἰ τύχοι
κατ' ὀρθὸν ἐξελθόντα, πάντ' ἂν εὐτυχεῖν.
ΟΙ. ἔστιν δὲ ποῖον τοὔπος; οὔτε γὰρ θρασὺς
οὔτ' οὖν προδείσας εἰμὶ τῷ γε νῦν λόγῳ. 90
ΚΡ. εἰ τῶνδε χρῄζεις πλησιαζόντων κλύειν,
ἕτοιμος εἰπεῖν, εἴτε καὶ στείχειν ἔσω.
ΟΙ. ἐς πάντας αὔδα. τῶνδε γὰρ πλέον φέρω
τὸ πένθος ἢ καὶ τῆς ἐμῆς ψυχῆς πέρι.
ΚΡ. λέγοιμ' ἂν οἷ' ἤκουσα τοῦ θεοῦ πάρα· 95
ἄνωγεν ἡμᾶς Φοῖβος ἐμφανῶς ἄναξ
μίασμα χώρας, ὡς τεθραμμένον χθονὶ
ἐν τῇδ', ἐλαύνειν μηδ' ἀνήκεστον τρέφειν.
ΟΙ. ποίῳ καθαρμῷ; τίς ὁ τρόπος τῆς ξυμφορᾶς;
ΚΡ. ἀνδρηλατοῦντας, ἢ φόνῳ φόνον πάλιν 100
λύοντας, ὡς τόδ' αἷμα χειμάζον πόλιν.
ΟΙ. ποίου γὰρ ἀνδρὸς τήνδε μηνύει τύχην;
ΚΡ. ἦν ἡμίν, ὦναξ, Λάϊός ποθ' ἡγεμὼν
γῆς τῆσδε, πρὶν σὲ τήνδ' ἀπευθύνειν πόλιν.
ΟΙ. ἔξοιδ' ἀκούων· οὐ γὰρ εἰσεῖδόν γέ πω. 105
ΚΡ. τούτου θανόντος νῦν ἐπιστέλλει σαφῶς
τοὺς αὐτοέντας χειρὶ τιμωρεῖν τινα.
ΟΙ. οἳ δ' εἰσὶ ποῦ γῆς; ποῦ τόδ' εὑρεθήσεται
ἴχνος παλαιᾶς δυστέκμαρτον αἰτίας;
ΚΡ. ἐν τῇδ' ἔφασκε γῇ. τὸ δὲ ζητούμενον 110
ἁλωτόν, ἐκφεύγει δὲ τἀμελούμενον.
ΟΙ. πότερα δ' ἐν οἴκοις, ἢ 'ν ἀγροῖς ὁ Λάϊος,
ἢ γῆς ἐπ' ἄλλης τῷδε συμπίπτει φόνῳ;
ΚΡ. θεωρός, ὡς ἔφασκεν, ἐκδημῶν, πάλιν
πρὸς οἶκον οὐκέθ' ἵκεθ', ὡς ἀπεστάλη. 115
ΟΙ. οὐδ' ἄγγελός τις οὐδὲ συμπράκτωρ ὁδοῦ
κατεῖδ', ὅτου τις ἐκμαθὼν ἐχρήσατ' ἄν;
ΚΡ. θνῄσκουσι γάρ, πλὴν εἷς τις, ὃς φόβῳ φυγὼν
ὧν εἶδε πλὴν ἓν οὐδὲν εἶχ' εἰδὼς φράσαι.
ΟΙ. τὸ ποῖον; ἓν γὰρ πόλλ' ἂν ἐξεύροι μαθεῖν, 120

ἀρχὴν βραχεῖαν εἰ λάβοιμεν ἐλπίδος.
ΚΡ. λῃστὰς ἔφασκε συντυχόντας οὐ μιᾷ
ῥώμῃ κτανεῖν νιν, ἀλλὰ σὺν πλήθει χερῶν.
ΟΙ. πῶς οὖν ὁ λῃστής, εἴ τι μὴ ξὺν ἀργύρῳ
ἐπράσσετ' ἐνθένδ', ἐς τόδ' ἂν τόλμης ἔβη; 125
ΚΡ. δοκοῦντα ταῦτ' ἦν· Λαΐου δ' ὀλωλότος
οὐδεὶς ἀρωγὸς ἐν κακοῖς ἐγίγνετο.
ΟΙ. κακὸν δὲ ποῖον ἐμποδὼν τυραννίδος
οὕτω πεσούσης εἶργε τοῦτ' ἐξειδέναι;
ΚΡ. ἡ ποικιλῳδὸς Σφὶγξ τὸ πρὸς ποσὶ σκοπεῖν 130
μεθέντας ἡμᾶς τἀφανῆ προσήγετο.
ΟΙ. ἀλλ' ἐξ ὑπαρχῆς αὖθις αὔτ' ἐγὼ φανῶ·
ἐπαξίως γὰρ Φοῖβος, ἀξίως δὲ σὺ
πρὸ τοῦ θανόντος τήνδ' ἔθεσθ' ἐπιστροφήν·
ὥστ' ἐνδίκως ὄψεσθε κἀμὲ σύμμαχον, 135
γῇ τῇδε τιμωροῦντα τῷ θεῷ θ' ἅμα.
ὑπὲρ γὰρ οὐχὶ τῶν ἀπωτέρω φίλων,
ἀλλ' αὐτὸς αὑτοῦ, τοῦτ' ἀποσκεδῶ μύσος.
ὅστις γὰρ ἦν ἐκεῖνον ὁ κτανών, τάχ' ἂν
κἄμ' ἂν τοιαύτῃ χειρὶ τιμωρεῖν θέλοι. 140
κείνῳ προσαρκῶν οὖν ἐμαυτὸν ὠφελῶ.
ἀλλ' ὡς τάχιστα, παῖδες, ὑμεῖς μὲν βάθρων
ἵστασθε, τούσδ' ἄραντες ἱκτῆρας κλάδους,
ἄλλος δὲ Κάδμου λαὸν ὧδ' ἀθροιζέτω,
ὡς πᾶν ἐμοῦ δράσοντος, ἢ γὰρ εὐτυχεῖς 145
σὺν τῷ θεῷ φανούμεθ', ἢ πεπτωκότες.
ΙΕ. ὦ παῖδες, ἱστώμεσθα· τῶνδε γὰρ χάριν
καὶ δεῦρ' ἔβημεν ὧν ὅδ' ἐξαγγέλλεται.
Φοῖβος δ' ὁ πέμψας τάσδε μαντείας ἅμα
σωτήρ θ' ἵκοιτο καὶ νόσου παυστήριος. 150

ΧΟΡΟΣ

Ὦ Διὸς ἀδυεπὲς φάτι, τίς ποτε τᾶς πολυχρύσου   στρ. α'
Πυθῶνος ἀγλαὰς ἔβας
Θήβας; ἐκτέταμαι, φοβερὰν φρένα δείματι πάλλων,

ἰήιε Δάλιε Παιάν,
ἀμφὶ σοὶ ἀζόμενος τί μοι ἢ νέον, 155
ἢ περιτελλομέναις ὥραις πάλιν ἐξανύσεις χρέος.
εἰπέ μοι, ὦ χρυσέας τέκνον Ἐλπίδος, ἄμβροτε
      Φάμα.

Πρῶτά σε κεκλόμενος, θύγατερ Διός, ἄμβροτ'   ἀντ. α'
      Ἀθάνα,
γαιάοχόν τ' ἀδελφεὰν 160
Ἄρτεμιν, ἃ κυκλόεντ' ἀγορᾶς θρόνον εὐκλέα θάσσει,
καὶ Φοῖβον ἑκαβόλον, ἰὼ
τρισσοὶ ἀλεξίμοροι προφάνητέ μοι,
εἴ ποτε καὶ προτέρας ἄτας ὕπερ ὀρνυμένας πόλει 165
ἠνύσατ' ἐκτοπίαν φλόγα πήματος, ἔλθετε καὶ νῦν.

Ὦ πόποι, ἀνάριθμα γὰρ φέρω   στρ. β'
πήματα· νοσεῖ δέ μοι πρόπας στόλος, οὐδ' ἔνι
      φροντίδος ἔγχος 170
ᾧ τις ἀλέξεται. οὔτε γὰρ ἔκγονα
κλυτᾶς χθονὸς αὔξεται οὔτε τόκοισιν
ἰηίων καμάτων ἀνέχουσι γυναῖκες·
ἄλλον δ' ἂν ἄλλῳ προσίδοις ἅπερ εὔπτερον ὄρνιν 175
κρεῖσσον ἀμαιμακέτου πυρὸς ὄρμενον
ἀκτὰν πρὸς ἑσπέρου θεοῦ·

Ὧν πόλις ἀνάριθμος ὄλλυται·   ἀντ. β'
νηλέα δὲ γένεθλα πρὸς πέδῳ θαναταφόρα κεῖται
      ἀνοίκτως· 181
ἐν δ' ἄλοχοι πολιαί τ' ἔπι ματέρες
ἀκτὰν παρὰ βώμιον ἄλλοθεν ἄλλαι
λυγρῶν πόνων ἱκτῆρες ἐπιστενάχουσιν. 185
παιὰν δὲ λάμπει στονόεσσά τε γῆρυς ὅμαυλος·
ὧν ὕπερ, ὦ χρυσέα θύγατερ Διός,
εὐῶπα πέμψον ἀλκάν·

ΟΙΔΙΠΟΥΣ ΤΥΡΑΝΝΟΣ *121*

Ἀρεά τε τὸν μαλερόν, ὃς νῦν ἄχαλκος ἀσπίδων   στρ. γ΄
φλέγει με περιβόατος ἀντιάζων,   191
παλίσσυτον δράμημα νωτίσαι πάτρας
ἄπουρον, εἴτ' ἐς μέγαν
θάλαμον Ἀμφιτρίτας,   195
εἴτ' ἐς τὸν ἀπόξενον ὅρμον
Θρῇκιον κλύδωνα·
τέλειν γάρ, εἴ τι νὺξ ἀφῇ,
τοῦτ' ἐπ' ἆμαρ ἔρχεται·
τόν, ὦ ⟨τᾶν⟩ πυρφόρων   200
ἀστραπᾶν κράτη νέμων,
ὦ Ζεῦ πάτερ, ὑπὸ σῷ φθίσον κεραυνῷ.

Λύκει' ἄναξ, τά τε σὰ χρυσοστρόφων ἀπ' ἀγκυλᾶν   ἀντ. γ΄
βέλεα θέλοιμ' ἂν ἀδάματ' ἐνδατεῖσθαι   205
ἀρωγὰ προσταθέντα, τάς τε πυρφόρους
Ἀρτέμιδος αἴγλας, ξὺν αἷς
Λύκι' ὄρεα διᾴσσει·
τὸν χρυσομίτραν τε κικλήσκω,
τᾶσδ' ἐπώνυμον γᾶς,   210
οἰνῶπα Βάκχον εὔιον,
Μαινάδων ὁμόστολον,
πελασθῆναι φλέγοντ'
ἀγλαῶπι [σύμμαχον]
πεύκᾳ 'πὶ τὸν ἀπότιμον ἐν θεοῖς θεόν.   215
ΟΙ. αἰτεῖς· ἃ δ' αἰτεῖς τἄμ' ἐὰν θέλῃς ἔπη
κλύων δέχεσθαι τῇ νόσῳ θ' ὑπηρετεῖν,
ἀλκὴν λάβοις ἂν κἀνακούφισιν κακῶν·
ἁγὼ ξένος μὲν τοῦ λόγου τοῦδ' ἐξερῶ,
ξένος δὲ τοῦ πραχθέντος· οὐ γὰρ ἂν μακρὰν   220
ἴχνευον αὐτός, μὴ οὐκ ἔχων τι σύμβολον.
νῦν δ', ὕστερος γὰρ ἀστὸς εἰς ἀστοὺς τελῶ,
ὑμῖν προφωνῶ πᾶσι Καδμείοις τάδε·
ὅστις ποθ' ὑμῶν Λάϊον τὸν Λαβδάκου
κάτοιδεν ἀνδρὸς ἐκ τίνος διώλετο,   225

τοῦτον κελεύω πάντα σημαίνειν ἐμοί·
κεἰ μὲν φοβεῖται, τοὐπίκλημ' ὑπεξελὼν
αὐτὸς καθ' αὑτοῦ· πείσεται γὰρ ἄλλο μὲν
ἀστεργὲς οὐδέν, γῆς δ' ἄπεισιν ἀβλαβής.
εἰ δ' αὖ τις ἄλλον οἶδεν ἐξ ἄλλης χθονὸς, 230
τὸν αὐτόχειρα, μὴ σιωπάτω· τὸ γὰρ
κέρδος τελῶ 'γὼ χἠ χάρις προσκείσεται.
εἰ δ' αὖ σιωπήσεσθε, καί τις ἢ φίλου
δείσας ἀπώσει τοὔπος ἢ χαὑτοῦ τόδε,
ἀκ τῶνδε δράσω, ταῦτα χρὴ κλύειν ἐμοῦ. 235
τὸν ἄνδρ' ἀπαυδῶ τοῦτον, ὅστις ἐστὶ, γῆς
τῆσδ', ἧς ἐγὼ κράτη τε καὶ θρόνους νέμω,
μήτ' ἐσδέχεσθαι μήτε προσφωνεῖν τινά,
μήτ' ἐν θεῶν εὐχαῖσι μήτε θύμασιν
κοινὸν ποιεῖσθαι μήτε χέρνιβας νέμειν· 240
ὠθεῖν δ' ἀπ' οἴκων πάντας, ὡς μιάσματος
τοῦδ' ἡμὶν ὄντος, ὡς τὸ Πυθικὸν θεοῦ
μαντεῖον ἐξέφηνεν ἀρτίως ἐμοί.
ἐγὼ μὲν οὖν τοιόσδε τῷ τε δαίμονι
τῷ τ' ἀνδρὶ τῷ θανόντι σύμμαχος πέλω. 245
κατεύχομαι δὲ τὸν δεδρακότ', εἴτε τις
εἷς ὢν λέληθεν εἴτε πλειόνων μέτα,
κακὸν κακῶς νιν ἄμορον ἐκτρῖψαι βίον·
ἐπεύχομαι δ', οἴκοισιν εἰ ξυνέστιος
ἐν τοῖς ἐμοῖς γένοιτ' ἐμοῦ συνειδότος, 250
παθεῖν ἅπερ τοῖσδ' ἀρτίως ἠρασάμην.
ὑμῖν δὲ ταῦτα πάντ' ἐπισκήπτω τελεῖν,
ὑπέρ τ' ἐμαυτοῦ, τοῦ θεοῦ τε, τῆσδέ τε
γῆς ὧδ' ἀκάρπως κἀθέως ἐφθαρμένης.
οὐδ' εἰ γὰρ ἦν τὸ πρᾶγμα μὴ θεήλατον, 255
ἀκάθαρτον ὑμᾶς εἰκὸς ἦν οὕτως ἐᾶν,
ἀνδρός γ' ἀρίστου βασιλέως ὀλωλότος,
ἀλλ' ἐξερευνᾶν· νῦν δ' ἐπεὶ κυρῶ τ' ἐγὼ
ἔχων μὲν ἀρχὰς ἃς ἐκεῖνος εἶχε πρὶν,
ἔχων δὲ λέκτρα καὶ γυναῖχ' ὁμόσπορον, 260

κοινῶν τε παίδων κοίν' ἄν, εἰ κείνῳ γένος
μὴ 'δυστύχησεν, ἦν ἂν ἐκπεφυκότα,
νῦν δ' ἐς τὸ κείνου κρᾶτ' ἐνήλαθ' ἡ τύχη·
ἀνθ' ὧν ἐγὼ τάδ', ὡσπερεὶ τοὐμοῦ πατρός,
ὑπερμαχοῦμαι κἀπὶ πάντ' ἀφίξομαι, 265
ζητῶν τὸν αὐτόχειρα τοῦ φόνου λαβεῖν,
τῷ Λαβδακείῳ παιδὶ Πολυδώρου τε καὶ
τοῦ πρόσθε Κάδμου τοῦ πάλαι τ' Ἀγήνορος.
καὶ ταῦτα τοῖς μὴ δρῶσιν εὔχομαι θεοὺς
μήτ' ἄροτον αὐτοῖς γῆς ἀνιέναι τινὰ 270
μήτ' οὖν γυναικῶν παῖδας, ἀλλὰ τῷ πότμῳ
τῷ νῦν φθερεῖσθαι κἄτι τοῦδ' ἐχθίονι·
ὑμῖν δὲ τοῖς ἄλλοισι Καδμείοις, ὅσοις
τάδ' ἔστ' ἀρέσκονθ', ἥ τε σύμμαχος Δίκη
χοἰ πάντες εὖ ξυνεῖεν εἰσαεὶ θεοί. 275
ΧΟ. ὥσπερ μ' ἀραῖον ἔλαβες, ὧδ', ἄναξ, ἐρῶ.
οὔτ' ἔκτανον γὰρ οὔτε τὸν κτανόντ' ἔχω
δεῖξαι. τὸ δὲ ζήτημα τοῦ πέμψαντος ἦν
Φοίβου τόδ' εἰπεῖν, ὅστις εἴργασταί ποτε.
ΟΙ. δίκαι' ἔλεξας· ἀλλ' ἀναγκάσαι θεοὺς 280
ἂν μὴ θέλωσιν οὐδ' ἂν εἷς δύναιτ' ἀνήρ.
ΧΟ. τὰ δεύτερ' ἐκ τῶνδ' ἂν λέγοιμ' ἁμοὶ δοκεῖ.
ΟΙ. εἰ καὶ τρίτ' ἐστί, μὴ παρῇς τὸ μὴ οὐ φράσαι.
ΧΟ. ἄνακτ' ἄνακτι ταὔθ' ὁρῶντ' ἐπίσταμαι
μάλιστα Φοίβῳ Τειρεσίαν, παρ' οὗ τις ἂν 285
σκοπῶν τάδ', ὦναξ, ἐκμάθοι σαφέστατα.
ΟΙ. ἀλλ' οὐκ ἐν ἀργοῖς οὐδὲ τοῦτ' ἐπραξάμην.
ἔπεμψα γὰρ Κρέοντος εἰπόντος διπλοῦς
πομπούς· πάλαι δὲ μὴ παρὼν θαυμάζεται.
ΧΟ. καὶ μὴν τά γ' ἄλλα κωφὰ καὶ παλαί' ἔπη. 290
ΟΙ. τὰ ποῖα ταῦτα; πάντα γὰρ σκοπῶ λόγον.
ΧΟ. θανεῖν ἐλέχθη πρός τινων ὁδοιπόρων.
ΟΙ. ἤκουσα κἀγώ· τὸν δ' ἰδόντ' οὐδεὶς ὁρᾷ.
ΧΟ. ἀλλ' εἴ τι μὲν δὴ δείματός γ' ἔχει μέρος,
τὰς σὰς ἀκούων οὐ μενεῖ τοιάσδ' ἀράς. 295

ΟΙ. ᾧ μή 'στι δρῶντι τάρβος, οὐδ' ἔπος φοβεῖ.
ΧΟ. ἀλλ' οὑξελέγξων αὐτὸν ἔστιν· οἵδε γὰρ
τὸν θεῖον ἤδη μάντιν ὧδ' ἄγουσιν, ᾧ
τἀληθὲς ἐμπέφυκεν ἀνθρώπων μόνῳ.
ΟΙ. ὦ πάντα νωμῶν, Τειρεσία, διδακτά τε 300
ἄρρητά τ' οὐράνιά τε καὶ χθονοστιβῆ,
πόλιν μέν, εἰ καὶ μὴ βλέπεις, φρονεῖς δ' ὅμως
οἵᾳ νόσῳ σύνεστιν· ἧς σε προστάτην
σωτῆρά τ', ὦναξ, μοῦνον ἐξευρίσκομεν.
Φοῖβος γάρ, εἴ τι μὴ κλύεις τῶν ἀγγέλων, 305
πέμψασιν ἡμῖν ἀντέπεμψεν, ἔκλυσιν
μόνην ἂν ἐλθεῖν τοῦδε τοῦ νοσήματος,
εἰ τοὺς κτανόντας Λάϊον μαθόντες εὖ
κτείναιμεν, ἢ γῆς φυγάδας ἐκπεμψαίμεθα.
σὺ δ' οὖν φθονήσας μήτ' ἀπ' οἰωνῶν φάτιν 310
μήτ' εἴ τιν' ἄλλην μαντικῆς ἔχεις ὁδόν,
ῥῦσαι σεαυτὸν καὶ πόλιν, ῥῦσαι δ' ἐμέ,
ῥῦσαι δὲ πᾶν μίασμα τοῦ τεθνηκότος.
ἐν σοὶ γὰρ ἐσμέν· ἄνδρα δ' ὠφελεῖν ἀφ' ὧν
ἔχοι τε καὶ δύναιτο κάλλιστος πόνων. 315

ΤΕΙΡΕΣΙΑΣ
φεῦ φεῦ, φρονεῖν ὡς δεινὸν ἔνθα μὴ τέλη
λύει φρονοῦντι. ταῦτα γὰρ καλῶς ἐγὼ
εἰδὼς διώλεσ'· οὐ γὰρ ἂν δεῦρ' ἱκόμην.
ΟΙ. τί δ' ἔστιν; ὡς ἄθυμος εἰσελήλυθας.
ΤΕ. ἄφες μ' ἐς οἴκους· ῥᾷστα γὰρ τὸ σόν τε σὺ 320
κἀγὼ διοίσω τοὐμόν, ἢν ἐμοὶ πίθῃ.
ΟΙ. οὔτ' ἔννομ' εἶπας οὔτε προσφιλῆ πόλει
τῇδ', ἥ σ' ἔθρεψε, τήνδ' ἀποστερῶν φάτιν.
ΤΕ. ὁρῶ γὰρ οὐδὲ σοὶ τὸ σὸν φώνημ' ἰὸν
πρὸς καιρόν· ὡς οὖν μηδ' ἐγὼ ταὐτὸν πάθω... 325
ΟΙ. μὴ πρὸς θεῶν φρονῶν γ' ἀποστραφῇς, ἐπεὶ
πάντες σε προσκυνοῦμεν οἵδ' ἱκτήριοι.
ΤΕ. πάντες γὰρ οὐ φρονεῖτ'. ἐγὼ δ' οὐ μή ποτε

τἄμ', ὡς ἂν εἴπω μὴ τὰ σ', ἐκφήνω κακά.
ΟΙ. τί φῄς; ξυνειδὼς οὐ φράσεις, ἀλλ' ἐννοεῖς
ἡμᾶς προδοῦναι καὶ καταφθεῖραι πόλιν;
ΤΕ. ἐγὼ οὔτ' ἐμαυτὸν οὔτε σ' ἀλγυνῶ. τί ταῦτ'
ἄλλως ἐλέγχεις; οὐ γὰρ ἂν πύθοιό μου.
ΟΙ. οὐκ, ὦ κακῶν κάκιστε, καὶ γὰρ ἂν πέτρου
φύσιν σύ γ' ὀργάνειας, ἐξερεῖς ποτέ,
ἀλλ' ὧδ' ἄτεγκτος κἀτελεύτητος φανεῖ;
ΤΕ. ὀργὴν ἐμέμψω τὴν ἐμήν, τὴν σὴν δ' ὁμοῦ
ναίουσαν οὐ κατεῖδες, ἀλλ' ἐμὲ ψέγεις.
ΟΙ. τίς γὰρ τοιαῦτ' ἂν οὐκ ἂν ὀργίζοιτ' ἔπη
κλύων, ἃ νῦν σὺ τήνδ' ἀτιμάζεις πόλιν;
ΤΕ. ἥξει γὰρ αὐτά, κἂν ἐγὼ σιγῇ στέγω.
ΟΙ. οὐκοῦν ἅ γ' ἥξει καὶ σὲ χρὴ λέγειν ἐμοί.
ΤΕ. οὐκ ἂν πέρα φράσαιμι. πρὸς τάδ', εἰ θέλεις,
θυμοῦ δι' ὀργῆς ἥτις ἀγριωτάτη.
ΟΙ. καὶ μὴν παρήσω γ' οὐδέν, ὡς ὀργῆς ἔχω,
ἅπερ ξυνίημ'· ἴσθι γὰρ δοκῶν ἐμοὶ
καὶ ξυμφυτεῦσαι τοὔργον, εἰργάσθαι θ', ὅσον
μὴ χερσὶ καίνων· εἰ δ' ἐτύγχανες βλέπων,
καὶ τοὔργον ἂν σοῦ τοῦτ' ἔφην εἶναι μόνου.
ΤΕ. ἄληθες; ἐννέπω σὲ τῷ κηρύγματι
ᾧπερ προεῖπας ἐμμένειν, κἀφ' ἡμέρας
τῆς νῦν προσαυδᾶν μήτε τούσδε μήτ' ἐμέ,
ὡς ὄντι γῆς τῆσδ' ἀνοσίῳ μιάστορι.
ΟΙ. οὕτως ἀναιδῶς ἐξεκίνησας τόδε
τὸ ῥῆμα; καὶ ποῦ τοῦτο φεύξεσθαι δοκεῖς;
ΤΕ. πέφευγα· τἀληθὲς γὰρ ἰσχῦον τρέφω.
ΟΙ. πρὸς τοῦ διδαχθείς; οὐ γὰρ ἔκ γε τῆς τέχνης.
ΤΕ. πρὸς σοῦ· σὺ γάρ μ' ἄκοντα προὐτρέψω λέγειν.
ΟΙ. ποῖον λόγον; λέγ' αὖθις, ὡς μᾶλλον μάθω.
ΤΕ. οὐχὶ ξυνῆκας πρόσθεν; ἢ 'κπειρᾷ λέγων;
ΟΙ. οὐχ ὥστε γ' εἰπεῖν γνωστόν· ἀλλ' αὖθις φράσον.
ΤΕ. φονέα σε φημὶ τἀνδρὸς οὗ ζητεῖς κυρεῖν.
ΟΙ. ἀλλ' οὔ τι χαίρων δίς γε πημονὰς ἐρεῖς.

ΤΕ. εἴπω τι δῆτα κἄλλ', ἵν' ὀργίζῃ πλέον;
ΟΙ. ὅσον γε χρῄζεις· ὡς μάτην εἰρήσεται. 365
ΤΕ. λεληθέναι σε φημὶ σὺν τοῖς φιλτάτοις
αἴσχισθ' ὁμιλοῦντ', οὐδ' ὁρᾶν ἵν' εἶ κακοῦ.
ΟΙ. ἦ καὶ γεγηθὼς ταῦτ' ἀεὶ λέξειν δοκεῖς;
ΤΕ. εἴπερ τί γ' ἐστὶ τῆς ἀληθείας σθένος.
ΟΙ. ἀλλ' ἔστι, πλὴν σοί· σοὶ δὲ τοῦτ' οὐκ ἔστ', ἐπεὶ 370
τυφλὸς τά τ' ὦτα τόν τε νοῦν τά τ' ὄμματ' εἶ.
ΤΕ. σὺ δ' ἄθλιός γε ταῦτ' ὀνειδίζων, ἃ σοὶ
οὐδεὶς ὃς οὐχὶ τῶνδ' ὀνειδιεῖ τάχα.
ΟΙ. μιᾶς τρέφει πρὸς νυκτός, ὥστε μήτ' ἐμὲ
μήτ' ἄλλον, ὅστις φῶς ὁρᾷ, βλάψαι ποτ' ἄν. 375
ΤΕ. οὐ γάρ σε μοῖρα πρός γ' ἐμοῦ πεσεῖν, ἐπεὶ
ἱκανὸς Ἀπόλλων, ᾧ τάδ' ἐκπρᾶξαι μέλει.
ΟΙ. Κρέοντος, ἢ σοῦ ταῦτα τἀξευρήματα;
ΤΕ. Κρέων δέ σοι πῆμ' οὐδέν, ἀλλ' αὐτὸς σὺ σοί.
ΟΙ. ὦ πλοῦτε καὶ τυραννὶ καὶ τέχνη τέχνης 380
ὑπερφέρουσα τῷ πολυζήλῳ βίῳ,
ὅσος παρ' ὑμῖν ὁ φθόνος φυλάσσεται,
εἰ τῆσδέ γ' ἀρχῆς οὕνεχ', ἣν ἐμοὶ πόλις
δωρητόν, οὐκ αἰτητόν, εἰσεχείρισεν,
ταύτης Κρέων ὁ πιστός, οὑξ ἀρχῆς φίλος, 385
λάθρᾳ μ' ὑπελθὼν ἐκβαλεῖν ἱμείρεται,
ὑφεὶς μάγον τοιόνδε μηχανορράφον,
δόλιον ἀγύρτην, ὅστις ἐν τοῖς κέρδεσιν
μόνον δέδορκε, τὴν τέχνην δ' ἔφυ τυφλός.
ἐπεί, φέρ' εἰπέ, ποῦ σὺ μάντις εἶ σαφής; 390
πῶς οὐχ, ὅθ' ἡ ῥαψῳδὸς ἐνθάδ' ἦν κύων,
ηὔδας τι τοῖσδ' ἀστοῖσιν ἐκλυτήριον;
καίτοι τό γ' αἴνιγμ' οὐχὶ τοὐπιόντος ἦν
ἀνδρὸς διειπεῖν, ἀλλὰ μαντείας ἔδει·
ἣν οὔτ' ἀπ' οἰωνῶν σὺ προὐφάνης ἔχων 395
οὔτ' ἐκ θεῶν του γνωτόν· ἀλλ' ἐγὼ μολών,
ὁ μηδὲν εἰδὼς Οἰδίπους, ἔπαυσά νιν,
γνώμῃ κυρήσας οὐδ' ἀπ' οἰωνῶν μαθών·

δν δὴ σὺ πειρᾷς ἐκβαλεῖν, δοκῶν θρόνοις
παραστατήσειν τοῖς Κρεοντείοις πέλας. 400
κλαίων δοκεῖς μοι καὶ σὺ χὠ συνθεὶς τάδε
ἀγηλατήσειν· εἰ δὲ μὴ 'δόκεις γέρων
εἶναι, παθὼν ἔγνως ἂν οἷά περ φρονεῖς.
ΧΟ. ἡμῖν μὲν εἰκάζουσι καὶ τὰ τοῦδ' ἔπη
ὀργῇ λελέχθαι καὶ τὰ σ', Οἰδίπου, δοκεῖ. 405
δεῖ δ' οὐ τοιούτων, ἀλλ' ὅπως τὰ τοῦ θεοῦ
μαντεῖ' ἄριστα λύσομεν, τόδε σκοπεῖν.
ΤΕ. εἰ καὶ τυραννεῖς, ἐξισωτέον τὸ γοῦν
ἴσ' ἀντιλέξαι· τοῦδε γὰρ κἀγὼ κρατῶ.
οὐ γάρ τι σοὶ ζῶ δοῦλος, ἀλλὰ Λοξίᾳ. 410
ὥστ' οὐ Κρέοντος προστάτου γεγράψομαι.
λέγω δ', ἐπειδὴ καὶ τυφλόν μ' ὠνείδισας·
σὺ καὶ δέδορκας κοὐ βλέπεις ἵν' εἶ κακοῦ,
οὐδ' ἔνθα ναίεις, οὐδ' ὅτων οἰκεῖς μέτα.
ἆρ' οἶσθ' ἀφ' ὧν εἶ; καὶ λέληθας ἐχθρὸς ὢν 415
τοῖς σοῖσιν αὐτοῦ νέρθε κἀπὶ γῆς ἄνω,
καί σ' ἀμφιπλὴξ μητρός τε καὶ τοῦ πατρὸς
ἐλᾷ ποτ' ἐκ γῆς τῆσδε δεινόπους ἀρά,
βλέποντα νῦν μὲν ὄρθ', ἔπειτα δὲ σκότον.
βοῆς δὲ τῆς σῆς ποῖος οὐκ ἔσται λιμήν, 420
ποῖος Κιθαιρὼν οὐχὶ σύμφωνος τάχα,
ὅταν καταίσθῃ τὸν ὑμέναιον, ὃν δόμοις
ἄνορμον εἰσέπλευσας, εὐπλοίας τυχών;
ἄλλων δὲ πλῆθος οὐκ ἐπαισθάνει κακῶν,
ἅ σ' ἐξισώσει σοί τε καὶ τοῖς σοῖς τέκνοις. 425
πρὸς ταῦτα καὶ Κρέοντα καὶ τοὐμὸν στόμα
προπηλάκιζε· σοῦ γὰρ οὐκ ἔστιν βροτῶν
κάκιον ὅστις ἐκτριβήσεταί ποτε.
ΟΙ. ἦ ταῦτα δῆτ' ἀνεκτὰ πρὸς τούτου κλύειν;
οὐκ εἰς ὄλεθρον; οὐχὶ θᾶσσον; οὐ πάλιν 430
ἄψορρος οἴκων τῶνδ' ἀποστραφεὶς ἄπει;
ΤΕ. οὐδ' ἱκόμην ἔγωγ' ἄν, εἰ σὺ μὴ 'κάλεις.
ΟΙ. οὐ γάρ τί σ' ᾔδη μῶρα φωνήσοντ', ἐπεὶ

σχολῇ σ' ἂν οἴκους τοὺς ἐμοὺς ἐστειλάμην.
ΤΕ. ἡμεῖς τοιοίδ' ἔφυμεν, ὡς μὲν σοὶ δοκεῖ, 435
μῶροι, γονεῦσι δ', οἵ σ' ἔφυσαν, ἔμφρονες.
ΟΙ. ποίοισι; μεῖνον. τίς δέ μ' ἐκφύει βροτῶν;
ΤΕ. ἥδ' ἡμέρα φύσει σε καὶ διαφθερεῖ.
ΟΙ. ὡς πάντ' ἄγαν αἰνικτὰ κἀσαφῆ λέγεις.
ΤΕ. οὔκουν σὺ ταῦτ' ἄριστος εὑρίσκειν ἔφυς; 440
ΟΙ. τοιαῦτ' ὀνείδιζ', οἷς ἔμ' εὑρήσεις μέγαν.
ΤΕ. αὕτη γε μέντοι σ' ἡ τύχη διώλεσεν.
ΟΙ. ἀλλ' εἰ πόλιν τήνδ' ἐξέσωσ' οὔ μοι μέλει.
ΤΕ. ἄπειμι τοίνυν· καὶ σύ, παῖ, κόμιζέ με.
ΟΙ. κομιζέτω δῆθ'· ὡς παρὼν σύ γ' ἐμποδὼν 445
ὀχλεῖς, συθείς τ' ἂν οὐκ ἂν ἀλγύναις πλέον.
ΤΕ. εἰπὼν ἄπειμ' ὧν οὕνεκ' ἦλθον, οὐ τὸ σὸν
δείσας πρόσωπον· οὐ γὰρ ἔσθ' ὅπου μ' ὀλεῖς.
λέγω δέ σοι· τὸν ἄνδρα τοῦτον, ὃν πάλαι
ζητεῖς ἀπειλῶν κἀνακηρύσσων φόνον 450
τὸν Λαΐειον, οὗτός ἐστιν ἐνθάδε,
ξένος λόγῳ μέτοικος, εἶτα δ' ἐγγενὴς
φανήσεται Θηβαῖος, οὐδ' ἡσθήσεται
τῇ ξυμφορᾷ· τυφλὸς γὰρ ἐκ δεδορκότος
καὶ πτωχὸς ἀντὶ πλουσίου ξένην ἔτι 455
σκήπτρῳ προδεικνὺς γαῖαν ἐμπορεύσεται·
φανήσεται δὲ παισὶ τοῖς αὑτοῦ ξυνὼν
ἀδελφὸς αὐτὸς καὶ πατήρ, κἀξ ἧς ἔφυ
γυναικὸς υἱὸς καὶ πόσις, καὶ τοῦ πατρὸς
ὁμόσπορός τε καὶ φονεύς. καὶ ταῦτ' ἰὼν 460
εἴσω λογίζου· κἂν λάβῃς ἐψευσμένον,
φάσκειν ἔμ' ἤδη μαντικῇ μηδὲν φρονεῖν.
ΧΟ. Τίς ὅντιν' ἁ θεσπιέπεια Δελφὶς εἶπε πέτρα στρ. α'
ἄρρητ' ἀρρήτων τελέσαντα φοινίαισι χερσίν; 465
ὥρα νιν ἀελλάδων
ἵππων σθεναρώτερον
φυγᾷ πόδα νωμᾶν.
ἔνοπλος γὰρ ἐπ' αὐτὸν ἐπενθρῴσκει

ΟΙΔΙΠΟΥΣ ΤΥΡΑΝΝΟΣ 129

πυρὶ καὶ στεροπαῖς ὁ Διὸς γενέτας, 470
δειναὶ δ' ἅμ' ἕπονται
Κῆρες ἀναπλάκητοι.

"Ελαμψε γὰρ τοῦ νιφόεντος ἀρτίως φανεῖσα   ἀντ. α'
φάμα Παρνασοῦ, τὸν ἄδηλον ἄνδρα πάντ' ἰχνεύειν. 475
φοιτᾷ γὰρ ὑπ' ἀγρίαν
ὕλαν ἀνά τ' ἄντρα καὶ
πέτρας ἰσόταυρος,
μέλεος μελέῳ ποδὶ χηρεύων,
τὰ μεσόμφαλα γᾶς ἀπονοσφίζων 480
μαντεῖα· τὰ δ' ἀεὶ
ζῶντα περιποτᾶται.

Δεινὰ μὲν οὖν, δεινὰ ταράσσει σοφὸς οἰωνοθέτας.   στρ. β'
οὔτε δοκοῦντ' οὔτ' ἀποφάσκονθ'· ὅ τι λέξω δ' ἀπορῶ, 485
πέτομαι δ' ἐλπίσιν οὔτ' ἐνθάδ' ὁρῶν οὔτ' ὀπίσω.
τί γὰρ ἢ Λαβδακίδαις
ἢ τῷ Πολύβου νεῖκος ἔκειτ', οὔτε πάροιθέν ποτ' ἔγωγ' 490
        οὔτε τανῦν πω
ἔμαθον, πρὸς ὅτου δὴ ‹βασανίζων› βασάνῳ
ἐπὶ τὰν ἐπίδαμον φάτιν εἶμ' Οἰδιπόδα Λαβδακίδαις 495
ἐπίκουρος ἀδήλων θανάτων.

Ἀλλ' ὁ μὲν οὖν Ζεὺς ὅ τ' Ἀπόλλων ξυνετοὶ καὶ τὰ   ἀντ. β'
        βροτῶν
εἰδότες· ἀνδρῶν δ' ὅτι μάντις πλέον ἢ 'γὼ φέρεται, 500
κρίσις οὐκ ἔστιν ἀληθής· σοφίᾳ δ' ἂν σοφίαν
παραμείψειεν ἀνήρ.
ἀλλ' οὔποτ' ἔγωγ' ἄν, πρὶν ἴδοιμ' ὀρθὸν ἔπος,
        μεμφονένων ἂν καταφαίην. 505
φανερὰ γὰρ ἐπ' αὐτῷ πτερόεσσ' ἦλθε κόρα
ποτέ, καὶ σοφὸς ὤφθη βασάνῳ θ' ἁδύπολις· τῷ
        ἀπ' ἐμᾶς 510
φρενὸς οὔποτ' ὀφλήσει κακίαν.

ΚΡ. ἄνδρες πολῖται, δείν' ἔπη πεπυσμένος
κατηγορεῖν μου τὸν τύραννον Οἰδίπουν
πάρειμ' ἀτλητῶν. εἰ γὰρ ἐν ταῖς ξυμφοραῖς
ταῖς νῦν νομίζει πρός γ' ἐμοῦ πεπονθέναι
λόγοισιν εἴτ' ἔργοισιν ἐς βλάβην φέρον,
οὔτοι βίου μοι τοῦ μακραίωνος πόθος,
φέροντι τήνδε βάξιν. οὐ γὰρ εἰς ἁπλοῦν
ἡ ζημία μοι τοῦ λόγου τούτου φέρει,
ἀλλ' ἐς μέγιστον, εἰ κακὸς μὲν ἐν πόλει,
κακὸς δὲ πρὸς σοῦ καὶ φίλων κεκλήσομαι.
ΧΟ. ἀλλ' ἦλθε μὲν δὴ τοῦτο τοὔνειδος τάχ' ἂν
ὀργῇ βιασθὲν μᾶλλον ἢ γνώμῃ φρενῶν.
ΚΡ. τοὔπος δ' ἐφάνθη ταῖς ἐμαῖς γνώμαις ὅτι
πεισθεὶς ὁ μάντις τοὺς λόγους ψευδεῖς λέγοι;
ΧΟ. ηὐδᾶτο μὲν τάδ', οἶδα δ' οὐ γνώμῃ τίνι.
ΚΡ. ἐξ ὀμμάτων δ' ὀρθῶν τε κἀξ ὀρθῆς φρενὸς
κατηγορεῖτο τοὐπίκλημα τοῦτό μου;
ΧΟ. οὐκ οἶδ'· ἃ γὰρ δρῶσ' οἱ κρατοῦντες οὐχ ὁρῶ.
αὐτὸς δ' ὅδ' ἤδη δωμάτων ἔξω περᾷ.
ΟΙ. οὗτος σύ, πῶς δεῦρ' ἦλθες; ἦ τοσόνδ' ἔχεις
τόλμης πρόσωπον, ὥστε τὰς ἐμὰς στέγας
ἵκου, φονεὺς ὢν τοῦδε τἀνδρὸς ἐμφανῶς
λῃστής τ' ἐναργὴς τῆς ἐμῆς τυραννίδος;
φέρ' εἰπὲ πρὸς θεῶν, δειλίαν ἢ μωρίαν
ἰδών τιν' ἔν μοι ταῦτ' ἐβουλεύσω ποιεῖν;
ἢ τοὔργον ὡς οὐ γνωριοῖμί σου τόδε
δόλῳ προσέρπον ἢ οὐκ ἀλεξοίμην μαθών;
ἆρ' οὐχὶ μῶρόν ἐστι τοὐγχείρημά σου,
ἄνευ τε πλήθους καὶ φίλων τυραννίδα
θηρᾶν, ὃ πλήθει χρήμασίν θ' ἁλίσκεται;
ΚΡ. οἶσθ' ὡς ποίησον; ἀντὶ τῶν εἰρημένων
ἴσ' ἀντάκουσον, κᾆτα κρῖν' αὐτὸς μαθών.
ΟΙ. λέγειν σὺ δεινός· μανθάνειν δ' ἐγὼ κακὸς
σοῦ· δυσμενῆ γὰρ καὶ βαρύν σ' ηὕρηκ' ἐμοί.
ΚΡ. τοῦτ' αὐτὸ νῦν μου πρῶτ' ἄκουσον ὡς ἐρῶ.

ΟΙ. τοῦτ' αὐτὸ μή μοι φράζ', ὅπως οὐκ εἶ κακός.
ΚΡ. εἴ τοι νομίζεις κτῆμα τὴν αὐθαδίαν
     εἶναί τι τοῦ νοῦ χωρὶς, οὐκ ὀρθῶς φρονεῖς. 550
ΟΙ. εἴ τοι νομίζεις ἄνδρα συγγενῆ κακῶς
     δρῶν οὐχ ὑφέξειν τὴν δίκην, οὐκ εὖ φρονεῖς.
ΚΡ. ξύμφημί σοι ταῦτ' ἔνδικ' εἰρῆσθαι· τὸ δὲ
     πάθημ' ὁποῖον φῂς παθεῖν δίδασκέ με.
ΟΙ. ἔπειθες, ἢ οὐκ ἔπειθες, ὡς χρείη μ' ἐπὶ 555
     τὸν σεμνόμαντιν ἄνδρα πέμψασθαί τινα;
ΚΡ. καὶ νῦν ἔθ' αὐτός εἰμι τῷ βουλεύματι.
ΟΙ. πόσον τιν' ἤδη δῆθ' ὁ Λάϊος χρόνον...
ΚΡ. δέδρακε ποῖον ἔργον; οὐ γὰρ ἐννοῶ.
ΟΙ. ἄφαντος ἔρρει θανασίμῳ χειρώματι; 560
ΚΡ. μακροὶ παλαιοί τ' ἂν μετρηθεῖεν χρόνοι.
ΟΙ. τότ' οὖν ὁ μάντις οὗτος ἦν ἐν τῇ τέχνῃ;
ΚΡ. σοφός γ' ὁμοίως κἀξ ἴσου τιμώμενος.
ΟΙ. ἐμνήσατ' οὖν ἐμοῦ τι τῷ τότ' ἐν χρόνῳ;
ΚΡ. οὔκουν ἐμοῦ γ' ἑστῶτος οὐδαμοῦ πέλας. 565
ΟΙ. ἀλλ' οὐκ ἔρευναν τοῦ θανόντος ἔσχετε;
ΚΡ. παρέσχομεν, πῶς δ' οὐχί; κοὐκ ἠκούσαμεν.
ΟΙ. πῶς οὖν τόθ' οὗτος ὁ σοφὸς οὐκ ηὔδα τάδε;
ΚΡ. οὐκ οἶδ'· ἐφ' οἷς γὰρ μὴ φρονῶ σιγᾶν φιλῶ.
ΟΙ. τόσον δέ γ' οἶσθα καὶ λέγοις ἂν εὖ φρονῶν. 570
ΚΡ. ποῖον τόδ'; εἰ γὰρ οἶδά γ', οὐκ ἀρνήσομαι.
ΟΙ. ὁθούνεκ', εἰ μὴ σοὶ ξυνῆλθε, τάσδ' ἐμὰς
     οὐκ ἄν ποτ' εἶπε Λαΐου διαφθοράς.
ΚΡ. εἰ μὲν λέγει τάδ', αὐτὸς οἶσθ'· ἐγὼ δέ σου
     μαθεῖν δικαιῶ ταῦθ' ἅπερ κἀμοῦ σὺ νῦν. 575
ΟΙ. ἐκμάνθαν'· οὐ γὰρ δὴ φονεὺς ἁλώσομαι.
ΚΡ. τί δῆτ'; ἀδελφὴν τὴν ἐμὴν γήμας ἔχεις;
ΟΙ. ἄρνησις οὐκ ἔνεστιν ὧν ἀνιστορεῖς.
ΚΡ. ἄρχεις δ' ἐκείνῃ ταὐτὰ γῆς ἴσον νέμων;
ΟΙ. ἂν ᾖ θέλουσα πάντ' ἐμοῦ κομίζεται. 580
ΚΡ. οὔκουν ἰσοῦμαι σφῷν ἐγὼ δυοῖν τρίτος;
ΟΙ. ἐνταῦθα γὰρ δὴ καὶ κακὸς φαίνει φίλος.

ΚΡ. οὔκ, εἰ διδοίης γ' ὡς ἐγὼ σαυτῷ λόγον.
σκέψαι δὲ τοῦτο πρῶτον, εἴ τιν' ἂν δοκεῖς
ἄρχειν ἑλέσθαι ξὺν φόβοισι μᾶλλον ἢ 585
ἄτρεστον εὕδοντ', εἰ τά γ' αὔθ' ἕξει κράτη.
ἐγὼ μὲν οὖν οὔτ' αὐτὸς ἱμείρων ἔφυν
τύραννος εἶναι μᾶλλον ἢ τύραννα δρᾶν,
οὔτ' ἄλλος ὅστις σωφρονεῖν ἐπίσταται.
νῦν μὲν γὰρ ἐκ σοῦ πάντ' ἄνευ φόβου φέρω, 590
εἰ δ' αὐτὸς ἦρχον, πολλὰ κἂν ἄκων ἔδρων.
πῶς δῆτ' ἐμοὶ τυραννὶς ἡδίων ἔχειν
ἀρχῆς ἀλύπου καὶ δυναστείας ἔφυ;
οὔπω τοσοῦτον ἠπατημένος κυρῶ
ὥστ' ἄλλα χρῄζειν ἢ τὰ σὺν κέρδει καλά. 595
νῦν πᾶσι χαίρω, νῦν με πᾶς ἀσπάζεται,
νῦν οἱ σέθεν χρῄζοντες ἐκκαλοῦσί με·
τὸ γὰρ τυχεῖν αὐτοῖσι πᾶν ἐνταῦθ' ἔνι.
πῶς δῆτ' ἐγὼ κεῖν' ἂν λάβοιμ' ἀφεὶς τάδε;
οὐκ ἂν γένοιτο νοῦς κακὸς καλῶς φρονῶν. 600
ἀλλ' οὔτ' ἐραστὴς τῆσδε τῆς γνώμης ἔφυν
οὔτ' ἂν μετ' ἄλλου δρῶντος ἂν τλαίην ποτέ.
   καὶ τῶνδ' ἔλεγχον τοῦτο μὲν Πυθώδ' ἰὼν
πεύθου τὰ χρησθέντ', εἰ σαφῶς ἤγγειλά σοι·
τοῦτ' ἄλλ', ἐάν με τῷ τερασκόπῳ λάβῃς 605
κοινῇ τι βουλεύσαντα, μή μ' ἁπλῇ κτάνῃς
ψήφῳ, διπλῇ δέ, τῇ τ' ἐμῇ καὶ σῇ, λαβών.
γνώμῃ δ' ἀδήλῳ μή με χωρὶς αἰτιῶ.
οὐ γὰρ δίκαιον οὔτε τοὺς κακοὺς μάτην
χρηστοὺς νομίζειν οὔτε τοὺς χρηστοὺς κακούς. 610
φίλον γὰρ ἐσθλὸν ἐκβαλεῖν ἴσον λέγω
καὶ τὸν παρ' αὑτῷ βίοτον, ὃν πλεῖστον φιλεῖ.
ἀλλ' ἐν χρόνῳ γνώσει τάδ' ἀσφαλῶς· ἐπεὶ
χρόνος δίκαιον ἄνδρα δείκνυσιν μόνος·
κακὸν δὲ κἂν ἐν ἡμέρᾳ γνοίης μιᾷ. 615
ΧΟ. καλῶς ἔλεξεν εὐλαβουμένῳ πεσεῖν,
ἄναξ· φρονεῖν γὰρ οἱ ταχεῖς οὐκ ἀσφαλεῖς.

ΟΙΔΙΠΟΥΣ ΤΥΡΑΝΝΟΣ 133

ΟΙ. ὅταν ταχύς τις οὑπιβουλεύων λάθρᾳ
χωρῇ, ταχὺν δεῖ κἀμὲ βουλεύειν πάλιν.
εἰ δ' ἡσυχάζων προσμενῶ, τὰ τοῦδε μὲν 620
πεπραγμέν' ἔσται, τἀμὰ δ' ἡμαρτημένα.
ΚΡ. τί δῆτα χρῄζεις; ἦ με γῆς ἔξω βαλεῖν;
ΟΙ. ἥκιστα. θνῄσκειν, οὐ φυγεῖν σε βούλομαι.
ΚΡ. ὡς ἂν προδείξῃς οἷόν ἐστι τὸ φθονεῖν.
ΟΙ. ὡς οὐχ ὑπείξων οὐδὲ πιστεύσων λέγεις; 625
ΚΡ. οὐ γὰρ φρονοῦντά σ' εὖ βλέπω.
ΟΙ. τὸ γοῦν ἐμόν.
ΚΡ. ἀλλ' ἐξ ἴσου δεῖ κἀμόν.
ΟΙ. ἀλλ' ἔφυς κακός.
ΚΡ. εἰ δὲ ξυνίης μηδέν;
ΟΙ. ἀρκτέον γ' ὅμως.
ΚΡ. οὔτοι κακῶς γ' ἄρχοντος.
ΟΙ. ὦ πόλις πόλις.
ΚΡ. κἀμοὶ πόλεως μέτεστιν, οὐχὶ σοὶ μόνῳ. 630
ΧΟ. παύσασθ', ἄνακτες. καιρίαν δ' ὑμῖν ὁρῶ
τήνδ' ἐκ δόμων στείχουσαν Ἰοκάστην, μεθ' ἧς
τὸ νῦν παρεστὸς νεῖκος εὖ θέσθαι χρεών.

ΙΟΚΑΣΤΗ

τί τὴν ἄβουλον, ὦ ταλαίπωροι, στάσιν
γλώσσης ἐπήρασθ'; οὐδ' ἐπαισχύνεσθε γῆς 635
οὕτω νοσούσης ἴδια κινοῦντες κακά;
οὐκ εἶ σύ τ' οἴκους σύ τε, Κρέον, κατὰ στέγας,
καὶ μὴ τὸ μηδὲν ἄλγος ἐς μέγ' οἴσετε;
ΚΡ. ὅμαιμε, δεινά μ' Οἰδίπους ὁ σὸς πόσις
δρᾶσαι δικαιοῖ, δυοῖν ἀποκρίνας κακοῖν, 640
ἢ γῆς ἀπῶσαι πατρίδος, ἢ κτεῖναι λαβών.
ΟΙ. ξύμφημι· δρῶντα γάρ νιν, ὦ γύναι, κακῶς
εἴληφα τοὐμὸν σῶμα σὺν τέχνῃ κακῇ.
ΚΡ. μή νυν ὀναίμην, ἀλλ' ἀραῖος, εἴ σέ τι
δέδρακ', ὀλοίμην, ὧν ἐπαιτιᾷ με δρᾶν. 645
ΙΟ. ὦ πρὸς θεῶν πίστευσον, Οἰδίπους, τάδε,

μάλιστα μὲν τόνδ' ὅρκον αἰδεσθεὶς θεῶν,
ἔπειτα κἀμὲ τούσδε θ' οἳ πάρεισί σοι.

ΧΟ. Πιθοῦ θελήσας φρονήσας τ', ἄναξ, λίσσομαι. στρ. α'
ΟΙ. τί σοι θέλεις δῆτ' εἰκάθω; 650
ΧΟ. τὸν οὔτε πρὶν νήπιον νῦν τ' ἐν ὅρκῳ μέγαν καταί-
δεσαι.
ΟΙ. οἶσθ' οὖν ἃ χρῄζεις;
ΧΟ. οἶδα.
ΟΙ. φράζε δὴ τί φῄς. 655
ΧΟ. τὸν ἐναγῆ φίλον μήποτ' ἐν αἰτίᾳ
σὺν ἀφανεῖ λόγῳ σ' ἄτιμον βαλεῖν.
ΟΙ. εὖ νυν ἐπίστω, ταῦθ' ὅταν ζητῇς, ἐμοὶ
ζητῶν ὄλεθρον ἢ φυγὴν ἐκ τῆσδε γῆς.

ΧΟ. Οὐ τὸν πάντων θεῶν θεὸν πρόμον
Ἅλιον· ἐπεὶ ἄθεος ἄφιλος ὅ τι πύματον 661
ὀλοίμαν, φρόνησιν εἰ τάνδ' ἔχω.
ἀλλά μοι δυσμόρῳ γᾶ φθίνουσα 665
τρύχει ψυχάν, τάδ' εἰ κακοῖς κακὰ
προσάψει τοῖς πάλαι τὰ πρὸς σφῷν.
ΟΙ. ὃ δ' οὖν ἴτω, κεἰ χρή με παντελῶς θανεῖν,
ἢ γῆς ἄτιμον τῆσδ' ἀπωσθῆναι βίᾳ. 670
τὸ γὰρ σόν, οὐ τὸ τοῦδ', ἐποικτίρω στόμα
ἐλεινόν· οὗτος δ' ἔνθ' ἂν ᾖ στυγήσεται.
ΚΡ. στυγνὸς μὲν εἴκων δῆλος εἶ, βαρὺς δ', ὅταν
θυμοῦ περάσῃς. αἱ δὲ τοιαῦται φύσεις
αὑταῖς δικαίως εἰσὶν ἄλγισται φέρειν. 675
ΟΙ. οὔκουν μ' ἐάσεις κἀκτὸς εἶ;
ΚΡ. πορεύσομαι,
σοῦ μὲν τυχὼν ἀγνῶτος, ἐν δὲ τοῖσδ' ἴσος.

ΧΟ. Γύναι, τί μέλλεις κομίζειν δόμων τόνδ' ἔσω; ἀντ.
ΙΟ. μαθοῦσά γ' ἥτις ἡ τύχη. 680
ΧΟ. δόκησις ἀγνὼς λόγων ἦλθε, δάπτει δὲ καὶ τὸ
μὴ 'νδικον.

ΙΟ. ἀμφοῖν ἀπ' αὐτοῖν
ΧΟ.   ναίχι.
ΙΟ.   καὶ τίς ἦν λόγος;
ΧΟ. ἅλις ἔμοιγ', ἅλις, γᾶς προπονουμένας, 685
φαίνεται ἔνθ' ἔληξεν, αὐτοῦ μένειν.
ΟΙ. ὁρᾷς ἵν' ἥκεις, ἀγαθὸς ὢν γνώμην ἀνήρ,
τοὐμὸν παριεὶς καὶ καταμβλύνων κέαρ;

ΧΟ. Ὦναξ, εἶπον μὲν οὐχ ἅπαξ μόνον,   ἀντ.
ἴσθι δὲ παραφρόνιμον, ἄπορον ἐπὶ φρόνιμα 690
πεφάνθαι μ' ἄν, εἴ σε νοσφίζομαι,
ὅς τ' ἐμὰν γᾶν φίλαν ἐν πόνοισιν
ἀλύουσαν κατ' ὀρθὸν οὔρισας, 695
τανῦν τ' εὔπομπος ἂν γένοιο.

ΙΟ. πρὸς θεῶν δίδαξον κἄμ', ἄναξ, ὅτου ποτὲ
μῆνιν τοσήνδε πράγματος στήσας ἔχεις.
ΟΙ. ἐρῶ· σὲ γὰρ τῶνδ' ἐς πλέον, γύναι, σέβω· 700
Κρέοντος, οἷά μοι βεβουλευκὼς ἔχει.
ΙΟ. λέγ', εἰ σαφῶς τὸ νεῖκος ἐγκαλῶν ἐρεῖς.
ΟΙ. φονέα με φησὶ Λαΐου καθεστάναι.
ΙΟ. αὐτὸς ξυνειδώς, ἢ μαθὼν ἄλλου πάρα;
ΟΙ. μάντιν μὲν οὖν κακοῦργον ἐσπέμψας, ἐπεὶ 705
τό γ' εἰς ἑαυτὸν πᾶν ἐλευθεροῖ στόμα.
ΙΟ. σύ νυν ἀφεὶς σεαυτὸν ὧν λέγεις πέρι,
ἐμοῦ 'πάκουσον καὶ μάθ' οὕνεκ' ἐστί σοι
βρότειον οὐδὲν μαντικῆς ἔχον τέχνης.
φανῶ δέ σοι σημεῖα τῶνδε σύντομα. 710
χρησμὸς γὰρ ἦλθε Λαΐῳ ποτ', οὐκ ἐρῶ
Φοίβου γ' ἀπ' αὐτοῦ, τῶν δ' ὑπηρετῶν ἄπο,
ὡς αὐτὸν ἥξοι μοῖρα πρὸς παιδὸς θανεῖν,
ὅστις γένοιτ' ἐμοῦ τε κἀκείνου πάρα.
καὶ τὸν μέν, ὥσπερ γ' ἡ φάτις, ξένοι ποτὲ 715
λῃσταὶ φονεύουσ' ἐν τριπλαῖς ἁμαξιτοῖς·
παιδὸς δὲ βλάστας οὐ διέσχον ἡμέραι

ΟΙΔΙΠΟΥΣ ΤΥΡΑΝΝΟΣ

τρεῖς, καί νιν ἄρθρα κεῖνος ἐνζεύξας ποδοῖν
ἔρριψεν ἄλλων χερσὶν ἄβατον εἰς ὄρος.
κἀνταῦθ' Ἀπόλλων οὔτ' ἐκεῖνον ἤνυσεν 720
φονέα γενέσθαι πατρὸς οὔτε Λάϊον
τὸ δεινὸν οὑφοβεῖτο πρὸς παιδὸς θανεῖν.
τοιαῦτα φῆμαι μαντικαὶ διώρισαν,
ὧν ἐντρέπου σὺ μηδέν· ὧν γὰρ ἂν θεὸς
χρείαν ἐρευνᾷ ῥᾳδίως αὐτὸς φανεῖ. 725
ΟΙ. οἷόν μ' ἀκούσαντ' ἀρτίως ἔχει, γύναι,
ψυχῆς πλάνημα κἀνακίνησις φρενῶν.
ΙΟ. ποίας μερίμνης τοῦθ' ὑποστραφεὶς λέγεις;
ΟΙ. ἔδοξ' ἀκοῦσαι σοῦ τόδ', ὡς ὁ Λάϊος
κατασφαγείη πρὸς τριπλαῖς ἁμαξιτοῖς. 730
ΙΟ. ηὐδᾶτο γὰρ ταῦτ' οὐδέ πω λήξαντ' ἔχει.
ΟΙ. καὶ ποῦ 'σθ' ὁ χῶρος οὗτος οὗ τόδ'
ΙΟ. Φωκὶς μὲν ἡ γῆ κλῄζεται, σχιστὴ δ' ὁδὸς
ἐς ταὐτὸ Δελφῶν κἀπὸ Δαυλίας ἄγει.
ΟΙ. καὶ τίς χρόνος τοῖσδ' ἐστὶν οὑξεληλυθώς; 735
ΙΟ. σχεδόν τι πρόσθεν ἢ σὺ τῆσδ' ἔχων χθονὸς
ἀρχὴν ἐφαίνου τοῦτ' ἐκηρύχθη πόλει.
ΟΙ. ὦ Ζεῦ, τί μου δρᾶσαι βεβούλευσαι πέρι;
ΙΟ. τί δ' ἐστί σοι τοῦτ', Οἰδίπους, ἐνθύμιον;
ΟΙ. μήπω μ' ἐρώτα· τὸν δὲ Λάϊον φύσιν 740
τίν' εἶχε φράζε, τίνα δ' ἀκμὴν ἥβης ἔχων.
ΙΟ. μέγας, χνοάζων ἄρτι λευκανθὲς κάρα,
μορφῆς δὲ τῆς σῆς οὐκ ἀπεστάτει πολύ.
ΟΙ. οἴμοι τάλας· ἔοικ' ἐμαυτὸν εἰς ἀρὰς
δεινὰς προβάλλων ἀρτίως οὐκ εἰδέναι. 745
ΙΟ. πῶς φής; ὀκνῶ τοι πρὸς σ' ἀποσκοποῦσ', ἄναξ·
ΟΙ. δεινῶς ἀθυμῶ μὴ βλέπων ὁ μάντις ᾖ.
δείξεις δὲ μᾶλλον, ἢν ἓν ἐξείπῃς ἔτι.
ΙΟ. καὶ μὴν ὀκνῶ μέν, ἂν δ' ἔρῃ μαθοῦσ' ἐρῶ.
ΟΙ. πότερον ἐχώρει βαιός, ἢ πολλοὺς ἔχων 750
ἄνδρας λοχίτας, οἷ' ἀνὴρ ἀρχηγέτης;
ΙΟ. πέντ' ἦσαν οἱ ξύμπαντες, ἐν δ' αὐτοῖσιν ἦν

κῆρυξ· ἀπήνη δ' ἦγε Λάϊον μία.
ΟΙ. αἰαῖ, τάδ' ἤδη διαφανῆ· τίς ἦν ποτὲ
ὁ τούσδε λέξας τοὺς λόγους ὑμῖν, γύναι; 755
ΙΟ. οἰκεύς τις, ὅσπερ ἵκετ' ἐκσωθεὶς μόνος.
ΟΙ. ἦ κἀν δόμοισι τυγχάνει τανῦν παρών;
ΙΟ. οὐ δῆτ'· ἀφ' οὗ γὰρ κεῖθεν ἦλθε καὶ κράτη
σέ τ' εἶδ' ἔχοντα Λάϊόν τ' ὀλωλότα,
ἐξικέτευσε τῆς ἐμῆς χειρὸς θιγὼν 760
ἀγρούς σφε πέμψαι κἀπὶ ποιμνίων νομάς,
ὡς πλεῖστον εἴη τοῦδ' ἄποπτος ἄστεως.
κἄπεμψ' ἐγώ νιν· ἄξιος γὰρ οἷ' ἀνὴρ
δοῦλος φέρειν ἦν τῆσδε καὶ μείζω χάριν.
ΟΙ. πῶς ἂν μόλοι δῆθ' ἡμὶν ἐν τάχει πάλιν; 765
ΙΟ. πάρεστιν. ἀλλὰ πρὸς τί τοῦτ' ἐφίεσαι;
ΟΙ. δέδοικ' ἐμαυτόν, ὦ γύναι, μὴ πόλλ' ἄγαν
εἰρημέν' ᾖ μοι δι' ἅ νιν εἰσιδεῖν θέλω.
ΙΟ. ἀλλ' ἵξεται μέν· ἀξία δέ που μαθεῖν
κἀγὼ τά γ' ἐν σοὶ δυσφόρως ἔχοντ', ἄναξ. 770
ΟΙ. κοὐ μὴ στερηθῇς γ' ἐς τοσοῦτον ἐλπίδων
ἐμοῦ βεβῶτος· τῷ γὰρ ἂν καὶ μείζονι
λέξαιμ' ἂν ἢ σοὶ διὰ τύχης τοιᾶσδ' ἰών;
ἐμοὶ πατὴρ μὲν Πόλυβος ἦν Κορίνθιος,
μήτηρ δὲ Μερόπη Δωρίς. ἠγόμην δ' ἀνὴρ 775
ἀστῶν μέγιστος τῶν ἐκεῖ, πρίν μοι τύχη
τοιάδ' ἐπέστη, θαυμάσαι μὲν ἀξία,
σπουδῆς γε μέντοι τῆς ἐμῆς οὐκ ἀξία.
ἀνὴρ γὰρ ἐν δείπνοις μ' ὑπερπλησθεὶς μέθῃ
καλεῖ παρ' οἴνῳ πλαστὸς ὡς εἴην πατρί. 780
κἀγὼ βαρυνθεὶς τὴν μὲν οὖσαν ἡμέραν
μόλις κατέσχον, θἀτέρᾳ δ' ἰὼν πέλας
μητρὸς πατρός τ' ἤλεγχον· οἱ δὲ δυσφόρως
τοὔνειδος ἦγον τῷ μεθέντι τὸν λόγον.
κἀγὼ τὰ μὲν κείνοιν ἐτερπόμην, ὅμως δ' 785
ἔκνιζέ μ' ἀεὶ τοῦθ'· ὑφεῖρπε γὰρ πολύ.
λάθρᾳ δὲ μητρὸς καὶ πατρὸς πορεύομαι

Πυθώδε, καί μ' ὁ Φοῖβος ὧν μὲν ἱκόμην
ἄτιμον ἐξέπεμψεν, ἄλλα δ' ἄθλια
καὶ δεινὰ καὶ δύστηνα προὔφηνεν λέγων, 790
ὡς μητρὶ μὲν χρείη με μιχθῆναι, γένος δ'
ἄτλητον ἀνθρώποισι δηλώσοιμ' ὁρᾶν,
φονεὺς δ' ἐσοίμην τοῦ φυτεύσαντος πατρός.
κἀγὼ 'πακούσας ταῦτα τὴν Κορινθίαν
ἄστροις τὸ λοιπὸν ἐκμετρούμενος χθόνα 795
ἔφευγον, ἔνθα μήποτ' ὀψοίμην κακῶν
χρησμῶν ὀνείδη τῶν ἐμῶν τελούμενα.
στείχων δ' ἱκνοῦμαι τούσδε τοὺς χώρους ἐν οἷς
σὺ τὸν τύραννον τοῦτον ὄλλυσθαι λέγεις.
καί σοι, γύναι, τἀληθὲς ἐξερῶ. τριπλῆς 800
ὅτ' ἦ κελεύθου τῆσδ' ὁδοιπορῶν πέλας,
ἐνταῦθά μοι κῆρύξ τε κἀπὶ πωλικῆς
ἀνὴρ ἀπήνης ἐμβεβὼς, οἷον σὺ φής,
ξυνηντίαζον· κἀξ ὁδοῦ μ' ὅ θ' ἡγεμὼν
αὐτός θ' ὁ πρέσβυς πρὸς βίαν ἠλαυνέτην, 805
κἀγὼ τὸν ἐκτρέποντα, τὸν τροχηλάτην,
παίω δι' ὀργῆς· καί μ' ὁ πρέσβυς ὡς ὁρᾷ,
ὄχου, παραστείχοντα τηρήσας, μέσον
κάρα διπλοῖς κέντροισί μου καθίκετο.
οὐ μὴν ἴσην γ' ἔτεισεν· ἀλλὰ συντόμως 810
σκήπτρῳ τυπεὶς ἐκ τῆσδε χειρὸς ὕπτιος
μέσης ἀπήνης εὐθὺς ἐκκυλίνδεται·
κτείνω δὲ τοὺς ξύμπαντας. εἰ δὲ τῷ ξένῳ
τούτῳ προσήκει Λαΐῳ τι συγγενές,
τίς τοῦδέ γ' ἀνδρὸς νῦν ἔστ' ἀθλιώτερος; 815
τίς ἐχθροδαίμων μᾶλλον ἂν γένοιτ' ἀνήρ;
ὃν μὴ ξένων ἔξεστι μηδ' ἀστῶν τινα
δόμοις δέχεσθαι, μηδὲ προσφωνεῖν τινά,
ὠθεῖν δ' ἀπ' οἴκων. καὶ τάδ' οὔτις ἄλλος ἦν
ἢ 'γὼ 'π' ἐμαυτῷ τάσδ' ἀρὰς ὁ προστιθείς. 820
λέχη δὲ τοῦ θανόντος ἐν χεροῖν ἐμαῖν

χραίνω, δι' ὧνπερ ὤλετ'. ἆρ' ἔφυν κακός;
ἆρ' οὐχὶ πᾶς ἄναγνος; εἴ με χρὴ φυγεῖν,
καί μοι φυγόντι μῆστι τοὺς ἐμοὺς ἰδεῖν
μηδ' ἐμβατεύειν πατρίδος, ἢ γάμοις με δεῖ 825
μητρὸς ζυγῆναι καὶ πατέρα κατακτανεῖν,
Πόλυβον, ὃς ἐξέθρεψε κἀξέφυσέ με.
ἆρ' οὐκ ἀπ' ὠμοῦ ταῦτα δαίμονός τις ἂν
κρίνων ἐπ' ἀνδρὶ τῷδ' ἂν ὀρθοίη λόγον;
μὴ δῆτα, μὴ δῆτ', ὦ θεῶν ἁγνὸν σέβας, 830
ἴδοιμι ταύτην ἡμέραν, ἀλλ' ἐκ βροτῶν
βαίην ἄφαντος πρόσθεν ἢ τοιάνδ' ἰδεῖν
κηλῖδ' ἐμαυτῷ συμφορᾶς ἀφιγμένην.
ΧΟ. ἡμῖν μέν, ὦναξ, ταῦτ' ὀκνήρ'· ἕως δ' ἂν οὖν
πρὸς τοῦ παρόντος ἐκμάθῃς, ἔχ' ἐλπίδα. 835
ΟΙ. καὶ μὴν τοσοῦτόν γ' ἐστί μοι τῆς ἐλπίδος,
τὸν ἄνδρα τὸν βοτῆρα προσμεῖναι μόνον.
ΙΟ. πεφασμένου δὲ τίς ποθ' ἡ προθυμία;
ΟΙ. ἐγὼ διδάξω σ'· ἢν γὰρ εὑρεθῇ λέγων
σοὶ ταὔτ', ἔγωγ' ἂν ἐκπεφευγοίην πάθος. 840
ΙΟ. ποῖον δέ μου περισσὸν ἤκουσας λόγον;
ΟΙ. λῃστὰς ἔφασκες αὐτὸν ἄνδρας ἐννέπειν
ὥς νιν κατακτείνειαν. εἰ μὲν οὖν ἔτι
λέξει τὸν αὐτὸν ἀριθμόν, οὐκ ἐγὼ 'κτανον·
οὐ γὰρ γένοιτ' ἂν εἷς γε τοῖς πολλοῖς ἴσος· 845
εἰ δ' ἄνδρ' ἕν' οἰόζωνον αὐδήσει, σαφῶς
τοῦτ' ἐστὶν ἤδη τοὔργον εἰς ἐμὲ ῥέπον.
ΙΟ. ἀλλ' ὡς φανέν γε τοὔπος ὧδ' ἐπίστασο,
κοὐκ ἔστιν αὐτῷ τοῦτό γ' ἐκβαλεῖν πάλιν·
πόλις γὰρ ἤκουσ', οὐκ ἐγὼ μόνη, τάδε. 850
εἰ δ' οὖν τι κἀκτρέποιτο τοῦ πρόσθεν λόγου,
οὔτοι ποτ', ὦναξ, σόν γε Λαΐου φόνον
φανεῖ δικαίως ὀρθόν, ὅν γε Λοξίας
διεῖπε χρῆναι παιδὸς ἐξ ἐμοῦ θανεῖν.
καίτοι νιν οὐ κεῖνός γ' ὁ δύστηνός ποτε 855
κατέκταν', ἀλλ' αὐτὸς πάροιθεν ὤλετο.

ὥστ' οὐχὶ μαντείας γ' ἂν οὔτε τῇδ' ἐγὼ
βλέψαιμ' ἂν οὕνεκ' οὔτε τῇδ' ἂν ὕστερον.
ΟΙ. καλῶς νομίζεις· ἀλλ' ὅμως τὸν ἐργάτην
πέμψον τινὰ στελοῦντα μηδὲ τοῦτ' ἀφῇς.
ΙΟ. πέμψω ταχύνασ'· ἀλλ' ἴωμεν ἐς δόμους·
οὐδὲν γὰρ ἂν πράξαιμ' ἂν ὧν οὔ σοι φίλον.

ΧΟ. Εἴ μοι ξυνείη φέροντι   στρ. α'
μοῖρα τὰν εὔσεπτον ἁγνείαν λόγων
ἔργων τε πάντων, ὧν νόμοι πρόκεινται
ὑψίποδες, οὐρανίαν
δι' αἰθέρα τεκνωθέντες, ὧν Ὄλυμπος
πατὴρ μόνος, οὐδέ νιν
θνατὰ φύσις ἀνέρων
ἔτικτεν, οὐδὲ μή ποτε λάθα κατακοιμάσῃ·
μέγας ἐν τούτοις θεός, οὐδὲ γηράσκει.
Ὕβρις φυτεύει τύραννον·   ἀντ. α'
ὕβρις, εἰ πολλῶν ὑπερπλησθῇ μάταν,
ἃ μὴ 'πίκαιρα μηδὲ συμφέροντα,
ἀκρότατον γεῖσ' ἀναβᾶσ'
ἀποτμοτάταν ὤρουσεν εἰς ἀνάγκαν,
ἔνθ' οὐ ποδὶ χρησίμῳ
χρῆται. τὸ καλῶς δ' ἔχον
πόλει πάλαισμα μήποτε λῦσαι θεὸν αἰτοῦμαι.
θεὸν οὐ λήξω ποτὲ προστάταν ἴσχων.

Εἰ δέ τις ὑπέροπτα χερσὶν ἢ λόγῳ πορεύεται,   στρ. β'
Δίκας ἀφόβητος, οὐδὲ δαιμόνων ἕδη σέβων,
κακά νιν ἕλοιτο μοῖρα,
δυσπότμου χάριν χλιδᾶς,
εἰ μὴ τὸ κέρδος κερδανεῖ δικαίως
καὶ τῶν ἀσέπτων ἔρξεται,
ἢ τῶν ἀθίκτων ἕξεται ματάζων.
τίς ἔτι ποτ' ἐν τοῖσδ' ἀνὴρ θυμῷ βέλη

εὔξεται ψυχᾶς ἀμύνειν;
εἰ γὰρ αἱ τοιαίδε πράξεις τίμιαι, 895
τί δεῖ με χορεύειν;

Οὐκέτι τὸν ἄθικτον εἶμι γᾶς ἐπ' ὀμφαλὸν σέβων,   ἀντ. β'
οὐδ' ἐς τὸν Ἀβαῖσι ναόν, οὐδὲ τὰν Ὀλυμπίαν 900
εἰ μὴ τάδε χειρόδεικτα
πᾶσιν ἁρμόσει βροτοῖς.
ἀλλ', ὦ κρατύνων, εἴπερ ὄρθ' ἀκούεις,
Ζεῦ, πάντ' ἀνάσσων, μὴ λάθοι
σὲ τάν τε σὰν ἀθάνατον αἰὲν ἀρχάν. 905
φθίνοντα γὰρ Λαΐου παλαιὰ
θέσφατ' ἐξαιροῦσιν ἤδη,
κοὐδαμοῦ τιμαῖς Ἀπόλλων ἐμφανής·
ἔρρει δὲ τὰ θεῖα. 910

10. χώρας ἄνακτες, δόξα μοι παρεστάθη
ναοὺς ἱκέσθαι δαιμόνων, τάδ' ἐν χεροῖν
στέφη λαβούσῃ κἀπιθυμιάματα.
ὑψοῦ γὰρ αἴρει θυμὸν Οἰδίπους ἄγαν
λύπαισι παντοίαισιν· οὐδ' ὁποῖ' ἀνὴρ 915
ἔννους τὰ καινὰ τοῖς πάλαι τεκμαίρεται,
ἀλλ' ἐστὶ τοῦ λέγοντος, εἰ φόβους λέγοι.
ὅτ' οὖν παραινοῦσ' οὐδὲν ἐς πλέον ποιῶ,
πρὸς σ', ὦ Λύκει' Ἄπολλον, ἄγχιστος γὰρ εἶ,
ἱκέτις ἀφῖγμαι τοῖσδε σὺν κατεύγμασιν, 920
ὅπως λύσιν τιν' ἡμὶν εὐαγῆ πόρῃς·
ὡς νῦν ὀκνοῦμεν πάντες ἐκπεπληγμένον
κεῖνον βλέποντες ὡς κυβερνήτην νεώς.

ΑΓΓΕΛΟΣ

ἆρ' ἂν παρ' ὑμῶν, ὦ ξένοι, μάθοιμ' ὅπου
τὰ τοῦ τυράννου δώματ' ἐστὶν Οἰδίπου; 925
μάλιστα δ' αὐτὸν εἴπατ', εἰ κάτισθ' ὅπου.
ΧΟ. στέγαι μὲν αἵδε, καὐτὸς ἔνδον, ὦ ξένε·
γυνὴ δὲ μήτηρ ἥδε τῶν κείνου τέκνων.

ΑΓ. ἀλλ' ὀλβία τε καὶ ξὺν ὀλβίοις ἀεὶ
γένοιτ', ἐκείνου γ' οὖσα παντελὴς δάμαρ. 930
ΙΟ. αὕτως δὲ καὶ σύ γ', ὦ ξέν'· ἄξιος γὰρ εἶ
τῆς εὐεπείας οὕνεκ'· ἀλλὰ φράζ' ὅτου
χρῄζων ἀφῖξαι χὤ τι σημῆναι θέλων.
ΑΓ. ἀγαθὰ δόμοις τε καὶ πόσει τῷ σῷ, γύναι.
ΙΟ. τὰ ποῖα ταῦτα; πρὸς τίνος δ' ἀφιγμένος; 935
ΑΓ. ἐκ τῆς Κορίνθου. τὸ δ' ἔπος οὐξερῶ τάχα
ἥδοιο μέν, πῶς δ' οὐκ ἄν; ἀσχάλλοις δ' ἴσως.
ΙΟ. τί δ' ἔστι; ποίαν δύναμιν ὧδ' ἔχει διπλῆν;
ΑΓ. τύραννον αὐτὸν οὑπιχώριοι χθονὸς
τῆς Ἰσθμίας στήσουσιν, ὡς ηὐδᾶτ' ἐκεῖ. 940
ΙΟ. τί δ'; οὐχ ὁ πρέσβυς Πόλυβος ἐγκρατὴς ἔτι;
ΑΓ. οὐ δῆτ', ἐπεί νιν θάνατος ἐν τάφοις ἔχει.
ΙΟ. πῶς εἶπας; ἦ τέθνηκε Πόλυβος;
ΑΓ.   εἰ δὲ μὴ
λέγω γ' ἐγὼ τἀληθές, ἀξιῶ θανεῖν.
ΙΟ. ὦ πρόσπολ', οὐχὶ δεσπότῃ τάδ' ὡς τάχος 945
μολοῦσα λέξεις; ὦ θεῶν μαντεύματα,
ἵν' ἐστέ; τοῦτον Οἰδίπους πάλαι τρέμων
τὸν ἄνδρ' ἔφευγε μὴ κτάνοι, καὶ νῦν ὅδε
πρὸς τῆς τύχης ὄλωλεν οὐδὲ τοῦδ' ὕπο.
ΟΙ. ὦ φίλτατον γυναικὸς Ἰοκάστης κάρα, 950
τί μ' ἐξεπέμψω δεῦρο τῶνδε δωμάτων;
ΙΟ. ἄκουε τἀνδρὸς τοῦδε, καὶ σκόπει κλύων
τὰ σέμν' ἵν' ἥκει τοῦ θεοῦ μαντεύματα.
ΟΙ. οὗτος δὲ τίς ποτ' ἐστὶ καὶ τί μοι λέγει;
ΙΟ. ἐκ τῆς Κορίνθου, πατέρα τὸν σὸν ἀγγελῶν 955
ὡς οὐκέτ' ὄντα Πόλυβον, ἀλλ' ὀλωλότα.
ΟΙ. τί φῄς, ξέν'; αὐτός μοι σὺ σημήνας γενοῦ.
ΑΓ. εἰ τοῦτο πρῶτον δεῖ μ' ἀπαγγεῖλαι σαφῶς,
εὖ ἴσθ' ἐκεῖνον θανάσιμον βεβηκότα.
ΟΙ. πότερα δόλοισιν, ἢ νόσου ξυναλλαγῇ; 960
ΑΓ. σμικρὰ παλαιὰ σώματ' εὐνάζει ῥοπή.
ΟΙ. νόσοις ὁ τλήμων, ὡς ἔοικεν, ἔφθιτο.

ΑΓ. καὶ τῷ μακρῷ γε συμμετρούμενος χρόνῳ.
ΟΙ. φεῦ φεῦ, τί δῆτ' ἄν, ὦ γύναι, σκοποῖτό τις
τὴν Πυθόμαντιν ἑστίαν, ἢ τοὺς ἄνω 965
κλάζοντας ὄρνεις, ὧν ὑφηγητῶν ἐγὼ
κτενεῖν ἔμελλον πατέρα τὸν ἐμόν; ὃ δὲ θανὼν
κεύθει κάτω δὴ γῆς· ἐγὼ δ' ὅδ' ἐνθάδε
ἄψαυστος ἔγχους, εἴ τι μὴ τὠμῷ πόθῳ
κατέφθιθ'· οὕτω δ' ἂν θανὼν εἴη 'ξ ἐμοῦ. 970
τὰ δ' οὖν παρόντα συλλαβὼν θεσπίσματα
κεῖται παρ' Ἅιδῃ Πόλυβος ἄξι' οὐδενός.
ΙΟ. οὔκουν ἐγώ σοι ταῦτα προὔλεγον πάλαι;
ΟΙ. ηὔδας· ἐγὼ δὲ τῷ φόβῳ παρηγόμην.
ΙΟ. μὴ νῦν ἔτ' αὐτῶν μηδὲν ἐς θυμὸν βάλῃς. 975
ΟΙ. καὶ πῶς τὸ μητρὸς λέκτρον οὐκ ὀκνεῖν με δεῖ;
ΙΟ. τί δ' ἂν φοβοῖτ' ἄνθρωπος ᾧ τὰ τῆς τύχης
κρατεῖ, πρόνοια δ' ἐστὶν οὐδενὸς σαφής;
εἰκῇ κράτιστον ζῆν, ὅπως δύναιτό τις.
σὺ δ' ἐς τὰ μητρὸς μὴ φοβοῦ νυμφεύματα· 980
πολλοὶ γὰρ ἤδη κἀν ὀνείρασιν βροτῶν
μητρὶ ξυνηυνάσθησαν. ἀλλὰ ταῦθ' ὅτῳ
παρ' οὐδέν ἐστι, ῥᾷστα τὸν βίον φέρει.
ΟΙ. καλῶς ἅπαντα ταῦτ' ἂν ἐξείρητό σοι,
εἰ μὴ 'κύρει ζῶσ' ἡ τεκοῦσα· νῦν δ' ἐπεὶ 985
ζῇ, πᾶσ' ἀνάγκη, κεἰ καλῶς λέγεις, ὀκνεῖν.
ΙΟ. καὶ μὴν μέγας γ' ὀφθαλμὸς οἱ πατρὸς τάφοι.
ΟΙ. μέγας, ξυνίημ'· ἀλλὰ τῆς ζώσης φόβος.
ΑΓ. ποίας δὲ καὶ γυναικὸς ἐκφοβεῖσθ' ὕπερ;
ΟΙ. Μερόπης, γεραιέ, Πόλυβος ἧς ᾤκει μέτα. 990
ΑΓ. τί δ' ἔστ' ἐκείνης ὑμὶν ἐς φόβον φέρον;
ΟΙ. θεήλατον μάντευμα δεινόν, ὦ ξένε.
ΑΓ. ἦ ῥητόν; ἢ οὐχὶ θεμιτὸν ἄλλον εἰδέναι;
ΟΙ. μάλιστά γ'· εἶπε γάρ με Λοξίας ποτὲ
χρῆναι μιγῆναι μητρὶ τἠμαυτοῦ, τό τε 995
πατρῷον αἷμα χερσὶ ταῖς ἐμαῖς ἑλεῖν.
ὧν οὕνεχ' ἡ Κόρινθος ἐξ ἐμοῦ πάλαι

μακρὰν ἀπῳκεῖτ'· εὐτυχῶς μὲν, ἀλλ' ὅμως
τὰ τῶν τεκόντων ὄμμαθ' ἥδιστον βλέπειν.
ΑΓ. ἦ γὰρ τάδ' ὀκνῶν κεῖθεν ἦσθ' ἀπόπτολις;
ΟΙ. πατρός τε χρῄζων μὴ φονεὺς εἶναι, γέρον.
ΑΓ. τί δῆτ' ἐγὼ οὐχὶ τοῦδε τοῦ φόβου σ', ἄναξ,
ἐπείπερ εὔνους ἦλθον, ἐξελυσάμην;
ΟΙ. καὶ μὴν χάριν γ' ἂν ἀξίαν λάβοις ἐμοῦ.
ΑΓ. καὶ μὴν μάλιστα τοῦτ' ἀφικόμην, ὅπως
σοῦ πρὸς δόμους ἐλθόντος εὖ πράξαιμί τι.
ΟΙ. ἀλλ' οὔποτ' εἶμι τοῖς φυτεύσασίν γ' ὁμοῦ.
ΑΓ. ὦ παῖ, καλῶς εἶ δῆλος οὐκ εἰδὼς τί δρᾷς.
ΟΙ. πῶς, ὦ γεραιέ; πρὸς θεῶν δίδασκέ με.
ΑΓ. εἰ τῶνδε φεύγεις οὕνεκ' εἰς οἴκους μολεῖν.
ΟΙ. ταρβῶν γε μή μοι Φοῖβος ἐξέλθῃ σαφής.
ΑΓ. ἦ μὴ μίασμα τῶν φυτευσάντων λάβῃς;
ΟΙ. τοῦτ' αὐτὸ, πρέσβυ, τοῦτό μ' εἰσαεὶ φοβεῖ.
ΑΓ. ἆρ' οἶσθα δῆτα πρὸς δίκης οὐδὲν τρέμων;
ΟΙ. πῶς δ' οὐχί, παῖς γ' εἰ τῶνδε γεννητῶν ἔφυν;
ΑΓ. ὁθούνεκ' ἦν σοι Πόλυβος οὐδὲν ἐν γένει.
ΟΙ. πῶς εἶπας; οὐ γὰρ Πόλυβος ἐξέφυσέ με;
ΑΓ. οὐ μᾶλλον οὐδὲν τοῦδε τἀνδρός, ἀλλ' ἴσον.
ΟΙ. καὶ πῶς ὁ φύσας ἐξ ἴσου τῷ μηδενί;
ΑΓ. ἀλλ' οὔ σ' ἐγείνατ' οὔτ' ἐκεῖνος οὔτ' ἐγώ.
ΟΙ. ἀλλ' ἀντὶ τοῦ δὴ παῖδά μ' ὠνομάζετο;
ΑΓ. δῶρόν ποτ', ἴσθι, τῶν ἐμῶν χειρῶν λαβών.
ΟΙ. κᾆθ' ὧδ' ἀπ' ἄλλης χειρὸς ἔστερξεν μέγα;
ΑΓ. ἡ γὰρ πρὶν αὐτὸν ἐξέπεισ' ἀπαιδία.
ΟΙ. σὺ δ' ἐμπολήσας, ἢ τυχών μ' αὐτῷ δίδως;
ΑΓ. εὑρὼν ναπαίαις ἐν Κιθαιρῶνος πτυχαῖς.
ΟΙ. ὡδοιπόρεις δὲ πρὸς τί τούσδε τοὺς τόπους;
ΑΓ. ἐνταῦθ' ὀρείοις ποιμνίοις ἐπεστάτουν.
ΟΙ. ποιμὴν γὰρ ἦσθα κἀπὶ θητείᾳ πλάνης;
ΑΓ. σοῦ δ', ὦ τέκνον, σωτήρ γε τῷ τότ' ἐν χρόνῳ.
ΟΙ. τί δ' ἄλγος ἴσχοντ' ἐν χεροῖν με λαμβάνεις;
ΑΓ. ποδῶν ἂν ἄρθρα μαρτυρήσειεν τὰ σά.

ΟΙ. οἴμοι, τί τοῦτ' ἀρχαῖον ἐννέπεις κακόν;
ΑΓ. λύω σ' ἔχοντα διατόρους ποδοῖν ἀκμάς.
ΟΙ. δεινόν γ' ὄνειδος σπαργάνων ἀνειλόμην. 1035
ΑΓ. ὥστ' ὠνομάσθης ἐκ τύχης ταύτης ὃς εἶ.
ΟΙ. ὦ πρὸς θεῶν, πρὸς μητρὸς, ἢ πατρὸς; φράσον.
ΑΓ. οὐκ οἶδ'· ὁ δοὺς δὲ ταῦτ' ἐμοῦ λῷον φρονεῖ.
ΟΙ. ἦ γὰρ παρ' ἄλλου μ' ἔλαβες οὐδ' αὐτὸς τυχών;
ΑΓ. οὔκ, ἀλλὰ ποιμὴν ἄλλος ἐκδίδωσί μοι. 1040
ΟΙ. τίς οὗτος; ἦ κάτοισθα δηλῶσαι λόγῳ;
ΑΓ. τῶν Λαΐου δήπου τις ὠνομάζετο.
ΟΙ. ἦ τοῦ τυράννου τῆσδε γῆς πάλαι ποτέ;
ΑΓ. μάλιστα· τούτου τἀνδρὸς οὗτος ἦν βοτήρ.
ΟΙ. ἦ κἄστ' ἔτι ζῶν οὗτος, ὥστ' ἰδεῖν ἐμέ; 1045
ΑΓ. ὑμεῖς γ' ἄριστ' εἰδεῖτ' ἂν οὑπιχώριοι.
ΟΙ. ἔστιν τὶς ὑμῶν τῶν παρεστώτων πέλας,
ὅστις κάτοιδε τὸν βοτῆρ', ὃν ἐννέπει,
εἴτ' οὖν ἐπ' ἀγρῶν εἴτε κἀνθάδ' εἰσιδών;
σημήναθ', ὡς ὁ καιρὸς ηὑρῆσθαι τάδε. 1050
ΧΟ. οἶμαι μὲν οὐδέν' ἄλλον ἢ τὸν ἐξ ἀγρῶν,
ὃν κἀμάτευες πρόσθεν εἰσιδεῖν· ἀτὰρ
ἥδ' ἂν τάδ' οὐχ ἥκιστ' ἂν Ἰοκάστη λέγοι.
ΟΙ. γύναι, νοεῖς ἐκεῖνον, ὅντιν' ἀρτίως
μολεῖν ἐφιέμεσθα; τόνδ' οὗτος λέγει; 1055
ΙΟ. τί δ' ὅντιν' εἶπε; μηδὲν ἐντραπῇς. τὰ δὲ
ῥηθέντα βούλου μηδὲ μεμνῆσθαι μάτην.
ΟΙ. οὐκ ἂν γένοιτο τοῦθ' ὅπως ἐγὼ λαβὼν
σημεῖα τοιαῦτ' οὐ φανῶ τοὐμὸν γένος.
ΙΟ. μὴ πρὸς θεῶν, εἴπερ τι τοῦ σαυτοῦ βίου 1060
κήδει, ματεύσῃς τοῦθ', ἅλις νοσοῦσ' ἐγώ.
ΟΙ. θάρσει· σὺ μὲν γὰρ οὐδ' ἐὰν ἐγὼ τρίτης
μητρὸς φανῶ τρίδουλος, ἐκφανεῖ κακή.
ΙΟ. ὅμως πιθοῦ μοι, λίσσομαι, μὴ δρᾶν τάδε.
ΟΙ. οὐκ ἂν πιθοίμην μὴ οὐ τάδ' ἐκμαθεῖν σαφῶς. 1065
ΙΟ. καὶ μὴν φρονοῦσά γ' εὖ τὰ λῷστά σοι λέγω.
ΟΙ. τὰ λῷστα τοίνυν ταῦτά μ' ἀλγύνει πάλαι.

ΟΙΔΙΠΟΥΣ ΤΥΡΑΝΝΟΣ

ΙΟ. ὦ δύσποτμ', εἴθε μήποτε γνοίης ὃς εἶ.
ΟΙ. ἄξει τις ἐλθὼν δεῦρο τὸν βοτῆρά μοι;
ταύτην δ' ἐᾶτε πλουσίῳ χαίρειν γένει. 1070
ΙΟ. ἰοὺ ἰού, δύστηνε· τοῦτο γάρ σ' ἔχω
μόνον προσειπεῖν, ἄλλο δ' οὔποθ' ὕστερον.

ΧΟ. τί ποτε βέβηκεν, Οἰδίπους, ὑπ' ἀγρίας
ᾄξασα λύπης ἡ γυνή; δέδοιχ' ὅπως
μὴ 'κ τῆς σιωπῆς τῆσδ' ἀναρρήξει κακά. 1075
ΟΙ. ὁποῖα χρῄζει ῥηγνύτω· τοὐμὸν δ' ἐγώ,
κεἰ σμικρόν ἐστι, σπέρμ' ἰδεῖν βουλήσομαι,
αὕτη δ' ἴσως, φρονεῖ γὰρ ὡς γυνὴ μέγα,
τὴν δυσγένειαν τὴν ἐμὴν αἰσχύνεται.
ἐγὼ δ' ἐμαυτὸν παῖδα τῆς Τύχης νέμων 1080
τῆς εὖ διδούσης οὐκ ἀτιμασθήσομαι.
τῆς γὰρ πέφυκα μητρός· οἱ δὲ συγγενεῖς
μῆνές με μικρὸν καὶ μέγαν διώρισαν.
τοιόσδε δ' ἐκφὺς οὐκ ἂν ἐξέλθοιμ' ἔτι
ποτ' ἄλλος, ὥστε μὴ 'κμαθεῖν τοὐμὸν γένος. 1085

ΧΟ. Εἴπερ ἐγὼ μάντις εἰμὶ καὶ κατὰ γνώμαν ἴδρις, στρ.
οὐ τὸν Ὄλυμπον ἀπείρων,
ὦ Κιθαιρών, οὐκ ἔσει τὰν αὔριον 1090
πανσέληνον, μὴ οὐ σέ γε καὶ πατριώταν Οἰδίπου
καὶ τροφὸν καὶ ματέρ' αὔξειν,
καὶ χορεύεσθαι πρὸς ἡμῶν, ὡς ἐπίηρα φέροντα
τοῖς ἐμοῖς τυράννοις. 1095
ἰήϊε Φοῖβε, σοὶ δὲ ταῦτ' ἀρέστ' εἴη.

Τίς σε, τέκνον, τίς σ' ἔτικτε τᾶν μακραιώνων ἄρα ἀντ.
Πανὸς ὀρεσσιβάτα πα- 1100
τρὸς πελασθεῖσ', ἢ σέ γ' εὐνάτειρά τις
Λοξίου; τῷ γὰρ πλάκες ἀγρόνομοι πᾶσαι φίλαι·
εἴθ' ὁ Κυλλάνας ἀνάσσων,
εἴθ' ὁ Βακχεῖος θεὸς ναίων ἐπ' ἄκρων ὀρέων σ'
εὕρημα δέξατ' ἔκ του 1105

Νυμφᾶν Ἑλικωνίδων, αἷς πλεῖστα συμπαίζει.
ΟΙ. εἰ χρή τι κἀμὲ μὴ ξυναλλάξαντά πω, 1110
πρέσβεις, σταθμᾶσθαι, τὸν βοτῆρ' ὁρᾶν δοκῶ,
ὅνπερ πάλαι ζητοῦμεν· ἔν τε γὰρ μακρῷ
γήρᾳ ξυνᾴδει τῷδε τἀνδρὶ σύμμετρος,
ἄλλως τε τοὺς ἄγοντας ὥσπερ οἰκέτας
ἔγνωκ' ἐμαυτοῦ· τῇ δ' ἐπιστήμῃ σύ μου 1115
προὔχοις τάχ' ἄν που, τὸν βοτῆρ' ἰδὼν πάρος.
ΧΟ. ἔγνωκα γάρ, σάφ' ἴσθι· Λαΐου γὰρ ἦν
εἴπερ τις ἄλλος πιστὸς ὡς νομεὺς ἀνήρ.
ΟΙ. σὲ πρῶτ' ἐρωτῶ, τὸν Κορίνθιον ξένον,
ἦ τόνδε φράζεις;
ΑΓ.   τοῦτον, ὅνπερ εἰσορᾷς. 1120
ΟΙ. οὗτος σύ, πρέσβυ, δεῦρό μοι φώνει βλέπων
ὅσ' ἄν σ' ἐρωτῶ. Λαΐου ποτ' ἦσθα σύ;

ΘΕΡΑΠΩΝ
ἦ δοῦλος οὐκ ὠνητός, ἀλλ' οἴκοι τραφείς.
ΟΙ. ἔργον μεριμνῶν ποῖον ἢ βίον τίνα;
ΘΕ. ποίμναις τὰ πλεῖστα τοῦ βίου ξυνειπόμην. 1125
ΟΙ. χώροις μάλιστα πρὸς τίσι ξύναυλος ὤν;
ΘΕ. ἦν μὲν Κιθαιρών, ἦν δὲ πρόσχωρος τόπος.
ΟΙ. τὸν ἄνδρα τόνδ' οὖν οἶσθα τῇδέ που μαθών;
ΘΕ. τί χρῆμα δρῶντα; ποῖον ἄνδρα καὶ λέγεις;
ΟΙ. τόνδ' ὃς πάρεστιν· ἢ ξυναλλάξας τί πω; 1130
ΘΕ. οὐχ ὥστε γ' εἰπεῖν ἐν τάχει μνήμης ὕπο.
ΑΓ. κοὐδέν γε θαῦμα, δέσποτ'· ἀλλ' ἐγὼ σαφῶς
ἀγνῶτ' ἀναμνήσω νιν. εὖ γὰρ οἶδ' ὅτι
κάτοιδεν, ἦμος τὸν Κιθαιρῶνος τόπον,
ὁ μὲν διπλοῖσι ποιμνίοις, ἐγὼ δ' ἑνὶ 1135
ἐπλησίαζον τῷδε τἀνδρὶ τρεῖς ὅλους
ἐξ ἦρος εἰς ἀρκτοῦρον ἐκμήνους χρόνους·
χειμῶνα δ' ἤδη τἀμά τ' εἰς ἔπαυλ' ἐγὼ
ἤλαυνον οὗτός τ' ἐς τὰ Λαΐου σταθμά.
λέγω τι τούτων, ἢ οὐ λέγω πεπραγμένον; 1140

ΘΕ. λέγεις ἀληθῆ, καίπερ ἐκ μακροῦ χρόνου.
ΑΓ. φέρ' εἰπὲ νῦν, τότ' οἶσθα παῖδά μοί τινα
δοὺς, ὡς ἐμαυτῷ θρέμμα θρεψαίμην ἐγώ;
ΘΕ. τί δ' ἐστί; πρὸς τί τοῦτο τοὔπος ἱστορεῖς;
ΑΓ. ὅδ' ἐστίν, ὦ τᾶν, κεῖνος ὃς τότ' ἦν νέος. 1145
ΘΕ. οὐκ εἰς ὄλεθρον; οὐ σιωπήσας ἔσει;
ΟΙ. ἆ, μὴ κόλαζε, πρέσβυ, τόνδ', ἐπεὶ τὰ σὰ
δεῖται κολαστοῦ μᾶλλον ἢ τὰ τοῦδ' ἔπη.
ΘΕ. τί δ', ὦ φέριστε δεσποτῶν, ἁμαρτάνω;
ΟΙ. οὐκ ἐννέπων τὸν παῖδ, ὃν οὗτος ἱστορεῖ. 1150
ΘΕ. λέγει γὰρ εἰδὼς οὐδέν, ἀλλ' ἄλλως πονεῖ.
ΟΙ. σὺ πρὸς χάριν μὲν οὐκ ἐρεῖς, κλαίων δ' ἐρεῖς.
ΘΕ. μὴ δῆτα, πρὸς θεῶν, τὸν γέροντά μ' αἰκίσῃ.
ΟΙ. οὐχ ὡς τάχος τις τοῦδ' ἀποστρέψει χέρας;
ΘΕ. δύστηνος, ἀντὶ τοῦ; τί προσχρῄζων μαθεῖν; 1155
ΟΙ. τὸν παῖδ' ἔδωκας τῷδ' ὃν οὗτος ἱστορεῖ;
ΘΕ. ἔδωκ'· ὀλέσθαι δ' ὤφελον τῇδ' ἡμέρᾳ.
ΟΙ. ἀλλ' ἐς τόδ' ἥξεις μὴ λέγων γε τοὔνδικον.
ΘΕ. πολλῷ γε μᾶλλον, ἢν φράσω, διόλλυμαι.
ΟΙ. ἁνὴρ ὅδ', ὡς ἔοικεν, ἐς τριβὰς ἐλᾷ. 1160
ΘΕ. οὐ δῆτ' ἔγωγ', ἀλλ' εἶπον ὡς δοίην πάλαι.
ΟΙ. πόθεν λαβών; οἰκεῖον, ἢ 'ξ ἄλλου τινός;
ΘΕ. ἐμὸν μὲν οὐκ ἔγωγ', ἐδεξάμην δέ του.
ΟΙ. τίνος πολιτῶν τῶνδε κἀκ ποίας στέγης;
ΘΕ. μὴ πρὸς θεῶν, μή, δέσποθ', ἱστόρει πλέον. 1165
ΟΙ. ὄλωλας, εἴ σε ταῦτ' ἐρήσομαι πάλιν.
ΘΕ. τῶν Λαΐου τοίνυν τις ἦν γεννημάτων.
ΟΙ. ἦ δοῦλος, ἢ κείνου τις ἐγγενὴς γεγώς;
ΘΕ. οἴμοι, πρὸς αὐτῷ γ' εἰμὶ τῷ δεινῷ λέγειν.
ΟΙ. κἄγωγ' ἀκούειν· ἀλλ' ὅμως ἀκουστέον. 1170
ΘΕ. κείνου γέ τοι δὴ παῖς ἐκλῄζεθ'· ἡ δ' ἔσω
κάλλιστ' ἂν εἴποι σὴ γυνὴ τάδ' ὡς ἔχει.
ΟΙ. ἦ γὰρ δίδωσιν ἥδε σοι;
ΘΕ.   μάλιστ', ἄναξ.
ΟΙ. ὡς πρὸς τί χρείας;

ΘΕ.   ὡς ἀναλώσαιμί νιν.
ΟΙ. τεκοῦσα τλήμων;
ΘΕ.   θεσφάτων γ' ὄκνῳ κακῶν.   1175
ΟΙ. ποίων;
ΘΕ.   κτενεῖν νιν τοὺς τεκόντας ἦν λόγος.
ΟΙ. πῶς δῆτ' ἀφῆκας τῷ γέροντι τῷδε σύ;
ΘΕ. κατοικτίσας, ὦ δέσποθ', ὡς ἄλλην χθόνα
δοκῶν ἀποίσειν, αὐτὸς ἔνθεν ἦν· ὁ δὲ
κάκ' ἐς μέγιστ' ἔσωσεν. εἰ γὰρ οὗτος εἶ   1180
ὅν φησιν οὗτος, ἴσθι δύσποτμος γεγώς.
ΟΙ. ἰοὺ ἰού· τὰ πάντ' ἂν ἐξήκοι σαφῆ.
ὦ φῶς, τελευταῖόν σε προσβλέψαιμι νῦν,
ὅστις πέφασμαι φύς τ' ἀφ' ὧν οὐ χρῆν, ξὺν οἷς τ'
οὐ χρῆν ὁμιλῶν, οὕς τέ μ' οὐκ ἔδει κτανών.   1185
ΧΟ. Ἰὼ γενεαὶ βροτῶν,   στρ. α'
ὡς ὑμᾶς ἴσα καὶ τὸ μηδὲν ζώσας ἐναριθμῶ.
τίς γάρ, τίς ἀνὴρ πλέον
τᾶς εὐδαιμονίας φέρει   1190
ἢ τοσοῦτον ὅσον δοκεῖν
καὶ δόξαντ' ἀποκλῖναι;
τὸν σόν τοι παράδειγμ' ἔχων,
τὸν σὸν δαίμονα, τὸν σόν, ὦ τλᾶμον Οἰδιπόδα, βροτῶν
οὐδὲν μακαρίζω·   1195

"Οστις καθ' ὑπερβολὰν   ἀντ. α'
τοξεύσας ἐκράτησας τοῦ πάντ' εὐδαίμονος ὄλβου,
ὦ Ζεῦ, κατὰ μὲν φθίσας
τὰν γαμψώνυχα παρθένον
χρησμῳδόν, θανάτων δ' ἐμᾷ   1200
χώρᾳ πύργος ἀνέστας·
ἐξ οὗ καὶ βασιλεὺς καλεῖ
ἐμὸς καὶ τὰ μέγιστ' ἐτιμάθης, ταῖς μεγάλαισιν ἐν
Θήβαισιν ἀνάσσων.

Τανῦν δ' ἀκούειν τίς ἀθλιώτερος;   στρ. β'

τίς ἄταις ἀγρίαις, τίς ἐν πόνοις 1205
ξύνοικος ἀλλαγᾷ βίου;
ἰὼ κλεινὸν Οἰδίπου κάρα,
ᾧ μέγας λιμὴν 1208
αὑτὸς ἤρκεσεν
παιδὶ καὶ πατρὶ
θαλαμηπόλῳ πεσεῖν,
πῶς ποτε πῶς ποθ' αἱ πατρῷαί σ' ἄλοκες φέρειν,
τάλας, 1210
σῖγ' ἐδυνάθησαν ἐς τοσόνδε;

Ἐφηῦρέ σ' ἄκονθ' ὁ πάνθ' ὁρῶν Χρόνος, ἀντ. β'
δικάζει τὸν ἄγαμον γάμον πάλαι
τεκνοῦντα καὶ τεκνούμενον. 1215
ἰὼ Λαΐήϊον τέκνον,
εἴθε σ' εἴθε σε
μήποτ' εἰδόμαν.
δύρομαι γὰρ ὥσπερ ἰάλεμον χέων
ἐκ στομάτων. τὸ δ' ὀρθὸν εἰπεῖν, ἀνέπνευσά τ' ἐκ 1220
σέθεν
καὶ κατεκοίμησα τοὐμὸν ὄμμα.

ΕΞΑΓΓΕΛΟΣ

ὦ γῆς μέγιστα τῇσδ' ἀεὶ τιμώμενοι,
οἷ' ἔργ' ἀκούσεσθ', οἷα δ' εἰσόψεσθ', ὅσον δ'
ἀρεῖσθε πένθος, εἴπερ ἐγγενῶς ἔτι 1225
τῶν Λαβδακείων ἐντρέπεσθε δωμάτων.
οἶμαι γὰρ οὔτ' ἂν Ἴστρον οὔτε Φᾶσιν ἂν
νίψαι καθαρμῷ τήνδε τὴν στέγην, ὅσα
κεύθει, τὰ δ' αὐτίκ' ἐς τὸ φῶς φανεῖ κακὰ
ἑκόντα κοὐκ ἄκοντα. τῶν δὲ πημονῶν 1230
μάλιστα λυποῦσ' αἳ φανῶσ' αὐθαίρετοι.
ΧΟ. λείπει μὲν οὐδ' ἃ πρόσθεν ᾔδεμεν τὸ μὴ οὐ
βαρύστον' εἶναι· πρὸς δ' ἐκείνοισιν τί φής;
ΕΞ. ὁ μὲν τάχιστος τῶν λόγων εἰπεῖν τε καὶ

ΟΙΔΙΠΟΥΣ ΤΥΡΑΝΝΟΣ 151

   μαθεῖν, τέθνηκε θεῖον Ἰοκάστης κάρα.   1235
ΧΟ. ὦ δυστάλαινα, πρὸς τίνος ποτ' αἰτίας;
ΕΞ. αὐτὴ πρὸς αὑτῆς. τῶν δὲ πραχθέντων τὰ μὲν
   ἄλγιστ' ἄπεστιν· ἡ γὰρ ὄψις οὐ πάρα.
   ὅμως δ', ὅσον γε κἀν ἐμοὶ μνήμης ἔνι,
   πεύσει τὰ κείνης ἀθλίας παθήματα.   1240
   ὅπως γὰρ ὀργῇ χρωμένη παρῆλθ' ἔσω
   θυρῶνος, ἵετ' εὐθὺ πρὸς τὰ νυμφικὰ
   λέχη, κόμην σπῶσ' ἀμφιδεξίοις ἀκμαῖς.
   πύλας δ', ὅπως εἰσῆλθ', ἐπιρράξασ' ἔσω
   καλεῖ τὸν ἤδη Λάϊον πάλαι νεκρόν,   1245
   μνήμην παλαιῶν σπερμάτων ἔχουσ', ὑφ' ὧν
   θάνοι μὲν αὐτός, τὴν δὲ τίκτουσαν λίποι
   τοῖς οἷσιν αὐτοῦ δύστεκνον παιδουργίαν.
   γοᾶτο δ' εὐνάς, ἔνθα δύστηνος διπλοῦς
   ἐξ ἀνδρὸς ἄνδρα καὶ τέκν' ἐκ τέκνων τέκοι.   1250
   χὤπως μὲν ἐκ τῶνδ' οὐκέτ' οἶδ' ἀπόλλυται·
   βοῶν γὰρ εἰσέπαισεν Οἰδίπους, ὑφ' οὗ
   οὐκ ἦν τὸ κείνης ἐκθεάσασθαι κακόν,
   ἀλλ' εἰς ἐκεῖνον περιπολοῦντ' ἐλεύσσομεν.
   φοιτᾷ γὰρ ἡμᾶς ἔγχος ἐξαιτῶν πορεῖν,   1255
   γυναῖκά τ' οὐ γυναῖκα, μητρῴαν δ' ὅπου
   κίχοι διπλῆν ἄρουσαν οὗ τε καὶ τέκνων.
   λυσσῶντι δ' αὐτῷ δαιμόνων δείκνυσί τις·
   οὐδεὶς γὰρ ἀνδρῶν, οἳ παρῆμεν ἐγγύθεν.
   δεινὸν δ' ἀΰσας ὡς ὑφηγητοῦ τινος   1260
   πύλαις διπλαῖς ἐνήλατ', ἐκ δὲ πυθμένων
   ἔκλινε κοῖλα κλῇθρα κἀμπίπτει στέγῃ.
   οὗ δὴ κρεμαστὴν τὴν γυναῖκ' ἐσείδομεν,
   πλεκταῖς ἐώραις ἐμπεπλεγμένην. ὁ δέ,
   ὅπως ὁρᾷ νιν, δεινὰ βρυχηθεὶς τάλας,   1265
   χαλᾷ κρεμαστὴν ἀρτάνην. ἐπεὶ δὲ γῇ
   ἔκειτο τλήμων, δεινὰ δ' ἦν τἀνθένδ' ὁρᾶν.

ἀποσπάσας γὰρ εἱμάτων χρυσηλάτους
περόνας ἀπ' αὐτῆς, αἷσιν ἐξεστέλλετο,
ἄρας ἔπαισεν ἄρθρα τῶν αὑτοῦ κύκλων, 1270
αὐδῶν τοιαῦθ', ὁθούνεκ' οὐκ ὄψοιντό νιν
οὔθ' οἷ' ἔπασχεν οὔθ' ὁποῖ' ἔδρα κακά.
ἀλλ' ἐν σκότῳ τὸ λοιπὸν οὓς μὲν οὐκ ἔδει
ὀψοίαθ', οὓς δ' ἔχρῃζεν οὐ γνωσοίατο.
τοιαῦτ' ἐφυμνῶν πολλάκις τε κοὐχ ἅπαξ 1275
ἤρασσ' ἐπαίρων βλέφαρα. φοίνιαι δ' ὁμοῦ
γλῆναι γένει' ἔτεγγον, οὐδ' ἀνίεσαν
φόνου μυδώσας σταγόνας, ἀλλ' ὁμοῦ μέλας
ὄμβρος χάλαζά θ' αἱματοῦσσ' ἐτέγγετο.
τάδ' ἐκ δυοῖν ἔρρωγεν, οὐ μόνου, κακά, 1280
ἀλλ' ἀνδρὶ καὶ γυναικὶ συμμιγῆ κακά.
ὁ πρὶν παλαιὸς δ' ὄλβος ἦν πάροιθε μὲν
ὄλβος δικαίως· νῦν δὲ τῇδε θἠμέρᾳ
στεναγμός, ἄτη, θάνατος, αἰσχύνη, κακῶν
ὅσ' ἐστὶ πάντων ὀνόματ', οὐδέν ἐστ' ἀπόν. 1285
ΧΟ. νῦν δ' ἔσθ' ὁ τλήμων ἔν τινι σχολῇ κακοῦ;
ΕΞ. βοᾷ διοίγειν κλῇθρα καὶ δηλοῦν τινὰ
τοῖς πᾶσι Καδμείοισι τὸν πατροκτόνον,
τὸν μητρός, αὐδῶν ἀνόσι' οὐδὲ ῥητά μοι,
ὡς ἐκ χθονὸς ῥίψων ἑαυτόν, οὐδ' ἔτι 1290
μενῶν δόμοις ἀραῖος, ὡς ἠράσατο.
ῥώμης γε μέντοι καὶ προηγητοῦ τινὸς
δεῖται· τὸ γὰρ νόσημα μεῖζον ἢ φέρειν.
δείξει δὲ καὶ σοί· κλῇθρα γὰρ πυλῶν τάδε
διοίγεται· θέαμα δ' εἰσόψει τάχα 1295
τοιοῦτον οἷον καὶ στυγοῦντ' ἐποικτίσαι.

ΧΟ. ᾮ δεινὸν ἰδεῖν πάθος ἀνθρώποις, κομμ.
ὦ δεινότατον πάντων ὅσ' ἐγὼ
προσέκυρσ' ἤδη. τίς σ', ὦ τλᾶμον,
προσέβη μανία; τίς ὁ πηδήσας 1300
μείζονα δαίμων τῶν μακίστων

πρὸς σῇ δυσδαίμονι μοίρᾳ;
φεῦ φεῦ δύστανε,
ἀλλ' οὐδ' ἐσιδεῖν δύναμαί σ', ἐθέλων
πόλλ' ἀνερέσθαι, πολλὰ πυθέσθαι,   1305
πολλὰ δ' ἀθρῆσαι·
τοίαν φρίκην παρέχεις μοι.
ΟΙ. αἰαῖ αἰαῖ, φεῦ, φεῦ, δύστανος ἐγώ,
ποῖ γᾶς φέρομαι τλάμων; πᾷ μοι
φθογγὰ διαπωτᾶται φοράδην;   1310
ἰὼ δαῖμον, ἵν' ἐξήλου.
ΧΟ. ἐς δεινόν, οὐδ' ἀκουστόν, οὐδ' ἐπόψιμον.

ΟΙ. Ἰὼ σκότου   στρ. α'
νέφος ἐμὸν ἀπότροπον, ἐπιπλόμενον ἄφατον,
ἀδάματόν τε καὶ δυσούριστον ὄν.   1315
οἴμοι,
οἴμοι μάλ' αὖθις· οἷον εἰσέδυ μ' ἅμα
κέντρων τε τῶνδ' οἴστρημα καὶ μνήμη κακῶν.
ΧΟ. καὶ θαῦμά γ' οὐδὲν ἐν τοσοῖσδε πήμασιν
διπλᾶ σε πενθεῖν καὶ διπλᾶ φέρειν κακά.   1320

ΟΙ. Ἰὼ φίλος,   ἀντ. α'
σὺ μὲν ἐμὸς ἐπίπολος ἔτι μόνιμος· ἔτι γὰρ
ὑπομένεις με τὸν τυφλὸν κηδεύων.
φεῦ φεῦ·
οὐ γάρ με λήθεις, ἀλλὰ γιγνώσκω σαφῶς,   1325
καίπερ σκοτεινός, τήν γε σὴν αὐδὴν ὅμως.
ΧΟ. ὦ δεινὰ δράσας, πῶς ἔτλης τοιαῦτα σὰς
ὄψεις μαρᾶναι; τίς σ' ἐπῆρε δαιμόνων.

ΟΙ. Ἀπόλλων τάδ' ἦν, Ἀπόλλων, φίλοι,   στρ. β'
ὁ κακὰ κακὰ τελῶν ἐμὰ τάδ' ἐμὰ πάθεα.   1330
ἔπαισε δ' αὐτόχειρ νιν οὔτις, ἀλλ' ἐγὼ τλάμων.
τί γὰρ ἔδει μ' ὁρᾶν,
ὅτῳ γ' ὁρῶντι μηδὲν ἦν ἰδεῖν γλυκύ;   1335
ΧΟ. ἦν ταῦθ' ὅπωσπερ καὶ σὺ φής.

ΟΙ. τί δῆτ' ἐμοὶ βλεπτὸν, ἢ
στερκτὸν, ἢ προσήγορον
ἔτ' ἔστ' ἀκούειν ἡδονᾷ, φίλοι;
ἀπάγετ' ἐκτόπιον ὅτι τάχιστά με, 1340
ἀπάγετ', ὦ φίλοι, τὸν μέγ' ὀλέθριον,
τὸν καταρατότατον, ἔτι δὲ καὶ θεοῖς 1345
ἐχθρότατον βροτῶν.
ΧΟ. δείλαιε τοῦ νοῦ τῆς τε συμφορᾶς ἴσον,
ὥς σ' ἠθέλησα μηδ' ἀναγνῶναί ποτε.

ΟΙ. Ὄλοιθ' ὅστις ἦν, ὅς μ' ἀγρίας πέδας   ἀντ. β'
νομάδ' ἐπιποδίας ἔλυσ' ἀπό τε φόνου 1350
ἔρρυτο κἀνέσωσεν, οὐδὲν ἐς χάριν πράσσων.
τότε γὰρ ἂν θανὼν
οὐκ ἦ φίλοισιν οὐδ' ἐμοὶ τοσόνδ' ἄχος. 1355
ΧΟ. θέλοντι κἀμοὶ τοῦτ' ἂν ἦν.
ΟΙ. οὔκουν πατρός γ' ἂν φονεὺς
ἦλθον, οὐδὲ νυμφίος
βροτοῖς ἐκλήθην ὧν ἔφυν ἄπο.
νῦν δ' ἄθεος μέν εἰμ', ἀνοσίων δὲ παῖς, 1360
ὁμογενὴς δ' ἀφ' ὧν αὐτὸς ἔφυν τάλας.
εἰ δέ τι πρεσβύτερον ἔτι κακοῦ κακὸν, 1365
τοῦτ' ἔλαχ' Οἰδίπους.

ΧΟ. οὐκ οἶδ' ὅπως σε φῶ βεβουλεῦσθαι καλῶς.
κρείσσων γὰρ ἦσθα μηκέτ' ὢν ἢ ζῶν τυφλός.
ΟΙ. ὡς μὲν τάδ' οὐχ ὧδ' ἔστ' ἄριστ' εἰργασμένα,
μή μ' ἐκδίδασκε, μηδὲ συμβούλευ' ἔτι. 1370
ἐγὼ γὰρ οὐκ οἶδ' ὄμμασιν ποίοις βλέπων
πατέρα ποτ' ἂν προσεῖδον εἰς Ἅιδου μολών,
οὐδ' αὖ τάλαιναν μητέρ', οἶν ἐμοὶ δυοῖν
ἔργ' ἐστὶ κρείσσον' ἀγχόνης εἰργασμένα.
ἀλλ' ἡ τέκνων δῆτ' ὄψις ἦν ἐφίμερος, 1375
βλαστοῦσ' ὅπως ἔβλαστε, προσλεύσσειν ἐμοί;
οὐ δῆτα τοῖς γ' ἐμοῖσιν ὀφθαλμοῖς ποτέ·
οὐδ' ἄστυ γ', οὐδὲ πύργος, οὐδὲ δαιμόνων

ἀγάλμαθ' ἱερά, τῶν ὁ παντλήμων ἐγὼ
κάλλιστ' ἀνὴρ εἷς ἔν γε ταῖς Θήβαις τραφεὶς   1380
ἀπεστέρησ' ἐμαυτόν, αὐτὸς ἐννέπων
ὠθεῖν ἅπαντας τὸν ἀσεβῆ, τὸν ἐκ θεῶν
φανέντ' ἄναγνον καὶ γένους τοῦ Λαΐου.
  τοιάνδ' ἐγὼ κηλῖδα μηνύσας ἐμὴν
ὀρθοῖς ἔμελλον ὄμμασιν τούτους ὁρᾶν;   1385
ἥκιστά γ'· ἀλλ' εἰ τῆς ἀκουούσης ἔτ' ἦν
πηγῆς δι' ὤτων φραγμός, οὐκ ἂν ἐσχόμην
τὸ μὴ ἀποκλῇσαι τοὐμὸν ἄθλιον δέμας,
ἵν' ἦ τυφλός τε καὶ κλύων μηδέν· τὸ γὰρ
τὴν φροντίδ' ἔξω τῶν κακῶν οἰκεῖν γλυκύ.   1390
  ἰὼ Κιθαιρών, τί μ' ἐδέχου; τί μ' οὐ λαβὼν
ἔκτεινας εὐθύς, ὡς ἔδειξα μήποτε
ἐμαυτὸν ἀνθρώποισιν ἔνθεν ἦ γεγώς;
ὦ Πόλυβε καὶ Κόρινθε καὶ τὰ πάτρια
λόγῳ παλαιὰ δώμαθ', οἷον ἆρά με   1395
κάλλος κακῶν ὕπουλον ἐξεθρέψατε·
νῦν γὰρ κακός τ' ὢν κἀκ κακῶν εὑρίσκομαι.
ὦ τρεῖς κέλευθοι καὶ κεκρυμμένη νάπη
δρυμός τε καὶ στενωπὸς ἐν τριπλαῖς ὁδοῖς,
αἳ τοὐμὸν αἷμα τῶν ἐμῶν χειρῶν ἄπο   1400
ἐπίετε πατρός, ἆρά μου μέμνησθέ τι
οἷ' ἔργα δράσας ὑμῖν εἶτα δεῦρ' ἰὼν
ὁποῖ' ἔπρασσον αὖθις; γάμοι, γάμοι,
ἐφύσαθ' ἡμᾶς, καὶ φυτεύσαντες πάλιν
ἀνεῖτε ταὐτὸν σπέρμα, κἀπεδείξατε   1405
πατέρας, ἀδελφούς, παῖδας, αἷμ' ἐμφύλιον,
νύμφας, γυναῖκας μητέρας τε, χὠπόσα·
αἴσχιστ' ἐν ἀνθρώποισιν ἔργα γίγνεται.
  ἀλλ', οὐ γὰρ αὐδᾶν ἔσθ' ἃ μηδὲ δρᾶν καλόν,
ὅπως τάχιστα πρὸς θεῶν ἔξω μέ που   1410
καλύψατ', ἢ φονεύσατ', ἢ θαλάσσιον
ἐκρίψατ', ἔνθα μήποτ' εἰσόψεσθ' ἔτι.

ἴτ' ἀξιώσατ' ἀνδρὸς ἀθλίου θιγεῖν.
πίθεσθε, μὴ δείσητε. τἀμὰ γὰρ κακὰ
οὐδεὶς οἷός τε πλὴν ἐμοῦ φέρειν βροτῶν.
ΧΟ. ἀλλ' ὧν ἐπαιτεῖς ἐς δέον πάρεσθ' ὅδε
Κρέων τὸ πράσσειν καὶ τὸ βουλεύειν, ἐπεὶ
χώρας λέλειπται μοῦνος ἀντὶ σοῦ φύλαξ.
ΟΙ. οἴμοι, τί δῆτα λέξομεν πρὸς τόνδ' ἔπος;
τίς μοι φανεῖται πίστις ἔνδικος; τὰ γὰρ
πάρος πρὸς αὐτὸν πάντ' ἐφεύρημαι κακός.
ΚΡ. οὐχ ὡς γελαστής, Οἰδίπους, ἐλήλυθα,
οὐδ' ὡς ὀνειδιῶν τι τῶν πάρος κακῶν.
ἀλλ' εἰ τὰ θνητῶν μὴ καταισχύνεσθ' ἔτι
γένεθλα, τὴν γοῦν πάντα βόσκουσαν φλόγα
αἰδεῖσθ' ἄνακτος Ἡλίου, τοιόνδ' ἄγος
ἀκάλυπτον οὕτω δεικνύναι, τὸ μήτε γῆ
μήτ' ὄμβρος ἱερὸς μήτε φῶς προσδέξεται.
ἀλλ' ὡς τάχιστ' εἰς οἶκον ἐσκομίζετε·
τοῖς ἐν γένει γὰρ τἀγγενῆ μάλισθ' ὁρᾶν
μόνοις τ' ἀκούειν εὐσεβῶς ἔχει κακά.
ΟΙ. πρὸς θεῶν, ἐπείπερ ἐλπίδος μ' ἀπέσπασας,
ἄριστος ἐλθὼν πρὸς κάκιστον ἄνδρ' ἐμέ,
πιθοῦ τί μοι· πρὸς σοῦ γάρ, οὐδ' ἐμοῦ, φράσω.
ΚΡ. καὶ τοῦ με χρείας ὧδε λιπαρεῖς τυχεῖν;
ΟΙ. ῥῖψόν με γῆς ἐκ τῆσδ' ὅσον τάχισθ' ὅπου
θνητῶν φανοῦμαι μηδενὸς προσήγορος.
ΚΡ. ἔδρασ' ἂν εὖ τοῦτ' ἴσθ' ἄν, εἰ μὴ τοῦ θεοῦ
πρώτιστ' ἔχρηζον ἐκμαθεῖν τί πρακτέον.
ΟΙ. ἀλλ' ἥ γ' ἐκείνου πᾶσ' ἐδηλώθη φάτις,
τὸν πατροφόντην, τὸν ἀσεβῆ μ' ἀπολλύναι.
ΚΡ. οὕτως ἐλέχθη ταῦθ'· ὅμως δ' ἵν' ἔσταμεν
χρείας ἄμεινον ἐκμαθεῖν τί δραστέον.
ΟΙ. οὕτως ἄρ' ἀνδρὸς ἀθλίου πεύσεσθ' ὕπερ;
ΚΡ. καὶ γὰρ σὺ νῦν τἂν τῷ θεῷ πίστιν φέροις.
ΟΙ. καὶ σοί γ' ἐπισκήπτω τε καὶ προστρέψομαι,
τῆς μὲν κατ' οἴκους αὐτὸς ὃν θέλεις τάφον

θοῦ· καὶ γὰρ ὀρθῶς τῶν γε σῶν τελεῖς ὕπερ·
ἐμοῦ δὲ μήποτ' ἀξιωθήτω τόδε
πατρῷον ἄστυ ζῶντος οἰκητοῦ τυχεῖν, 1450
ἀλλ' ἔα με ναίειν ὄρεσιν, ἔνθα κλῄζεται
οὑμὸς Κιθαιρὼν οὗτος, ὃν μήτηρ τέ μοι
πατήρ τ' ἐθέσθην ζῶντε κύριον τάφον,
ἵν' ἐξ ἐκείνων, οἵ μ' ἀπωλλύτην, θάνω.
καίτοι τοσοῦτόν γ' οἶδα, μήτε μ' ἂν νόσον 1455
μήτ' ἄλλο πέρσαι μηδέν· οὐ γὰρ ἄν ποτε
θνῄσκων ἐσώθην, μὴ 'πί τῳ δεινῷ κακῷ.
ἀλλ' ἡ μὲν ἡμῶν μοῖρ', ὅποιπερ εἶσ', ἴτω·
παίδων δὲ τῶν μὲν ἀρσένων μή μοι, Κρέον,
προσθῇ μέριμναν· ἄνδρες εἰσίν, ὥστε μὴ 1460
σπάνιν ποτὲ σχεῖν, ἔνθ' ἂν ὦσι, τοῦ βίου·
τοῖν δ' ἀθλίαιν οἰκτραῖν τε παρθένοιν ἐμαῖν,
οἷν οὔποθ' ἡμὴ χωρὶς ἐστάθη βορᾶς
τράπεζ' ἄνευ τοῦδ' ἀνδρός, ἀλλ' ὅσων ἐγὼ
ψαύοιμι, πάντων τῶνδ' ἀεὶ μετειχέτην, 1465
τοῖν μοι μέλεσθαι· καὶ μάλιστα μὲν χεροῖν
ψαῦσαί μ' ἔασον κἀποκλαύσασθαι κακά.
ἴθ' ὦναξ,
ἴθ' ὦ γονῇ γενναῖε· χερσὶ τἂν θιγὼν
δοκοῖμ' ἔχειν σφᾶς, ὥσπερ ἡνίκ' ἔβλεπον. 1470
τί φημί;
οὐ δὴ κλύω που πρὸς θεῶν τοῖν μοι φίλοιν
δακρυρροούντοιν, καί μ' ἐποικτίρας Κρέων
ἔπεμψέ μοι τὰ φίλτατ' ἐκγόνοιν ἐμοῖν;
λέγω τι; 1475
ΚΡ. λέγεις· ἐγὼ γάρ εἰμ' ὁ πορσύνας τάδε,
γνοὺς τὴν παροῦσαν τέρψιν, ἥ σ' εἶχεν πάλαι.
ΟΙ. ἀλλ' εὐτυχοίης, καί σε τῆσδε τῆς ὁδοῦ
δαίμων ἄμεινον ἢ 'μὲ φρουρήσας τύχοι.
ὦ τέκνα, ποῦ ποτ' ἐστέ; δεῦρ' ἴτ', ἔλθετε 1480
ὡς τὰς ἀδελφὰς τάσδε τὰς ἐμὰς χέρας,
αἵ τοῦ φυτουργοῦ πατρὸς ὑμῖν ὧδ' ὁρᾶν

τὰ πρόσθε λαμπρὰ προὐξένησαν ὄμματα·
ὃς ὑμῖν, ὦ τέκν', οὔθ' ὁρῶν οὔθ' ἱστορῶν
πατὴρ ἐφάνθην ἔνθεν αὐτὸς ἠρόθην. 1485
καὶ σφὼ δακρύω· προσβλέπειν γὰρ οὐ σθένω·
νοούμενος τὰ λοιπὰ τοῦ πικροῦ βίου,
οἷον βιῶναι σφὼ πρὸς ἀνθρώπων χρεών.
ποίας γὰρ ἀστῶν ἥξετ' εἰς ὁμιλίας,
ποίας δ' ἑορτάς, ἔνθεν οὐ κεκλαυμέναι 1490
πρὸς οἶκον ἵξεσθ' ἀντὶ τῆς θεωρίας;
ἀλλ' ἡνίκ' ἂν δὴ πρὸς γάμων ἥκητ' ἀκμάς,
τίς οὗτος ἔσται, τίς παραρρίψει, τέκνα,
τοιαῦτ' ὀνείδη λαμβάνων, ἃ τοῖς ἐμοῖς
γονεῦσιν ἔσται σφῷν θ' ὁμοῦ δηλήματα; 1495
τί γὰρ κακῶν ἄπεστι; τὸν πατέρα πατὴρ
ὑμῶν ἔπεφνε· τὴν τεκοῦσαν ἤροσεν,
ὅθεν περ αὐτὸς ἐσπάρη, κἀκ τῶν ἴσων
ἐκτήσαθ' ὑμᾶς, ὧνπερ αὐτὸς ἐξέφυ.
τοιαῦτ' ὀνειδιεῖσθε. κᾆτα τίς γαμεῖ; 1500
οὐκ ἔστιν οὐδείς, ὦ τέκν', ἀλλὰ δηλαδὴ
χέρσους φθαρῆναι κἀγάμους ὑμᾶς χρεών.
  ὦ παῖ Μενοικέως, ἀλλ' ἐπεὶ μόνος πατὴρ
τούτοιν λέλειψαι, νὼ γάρ, ὦ 'φυτεύσαμεν,
ὀλώλαμεν δύ' ὄντε, μή σφε δὴ παρῇς 1505
πτωχὰς ἀνάνδρους ἐγγενεῖς ἀλωμένας,
μηδ' ἐξισώσῃς τάσδε τοῖς ἐμοῖς κακοῖς.
ἀλλ' οἴκτισόν σφας, ὧδε τηλικάσδ' ὁρῶν
πάντων ἐρήμους, πλὴν ὅσον τὸ σὸν μέρος.
ξύννευσον, ὦ γενναῖε, σῇ ψαύσας χερί. 1510
σφῷν δ', ὦ τέκν', εἰ μὲν εἰχέτην ἤδη φρένας,
πόλλ' ἂν παρῄνουν· νῦν δὲ τοῦτ' εὔχεσθ' ἐμοὶ,
οὗ καιρὸς αἰεὶ ζῆν, βίου δὲ λῴονος
ὑμᾶς κυρῆσαι τοῦ φυτεύσαντος πατρός.
ΚΡ. ἅλις ἵν' ἐξήκεις δακρύων· ἀλλ' ἴθι στέγης ἔσω. 1515
ΟΙ. πειστέον, κεἰ μηδὲν ἡδύ.
ΚΡ.   πάντα γὰρ καιρῷ καλά.

ΟΙΔΙΠΟΥΣ ΤΥΡΑΝΝΟΣ 159

ΟΙ. οἶσθ' ἐφ' οἷς οὖν εἶμι;
ΚΡ. λέξεις, καὶ τότ' εἴσομαι κλύων.
ΟΙ. γῆς μ' ὅπως πέμψεις ἄποικον.
ΚΡ. τοῦ θεοῦ μ' αἰτεῖς δόσιν.
ΟΙ. ἀλλὰ θεοῖς γ' ἔχθιστος ἥκω.
ΚΡ. τοιγαροῦν τεύξει τάχα.
ΟΙ. φὴς τάδ' οὖν;
ΚΡ. ἃ μὴ φρονῶ γὰρ οὐ φιλῶ λέγειν μάτην. 1520
ΟΙ. ἄπαγέ νύν μ' ἐντεῦθεν ἤδη.
ΚΡ. στεῖχέ νυν, τέκνων δ' ἀφοῦ.
ΟΙ. μηδαμῶς ταύτας γ' ἕλῃ μου.
ΚΡ. πάντα μὴ βούλου κρατεῖν·
καὶ γὰρ ἁκράτησας οὔ σοι τῷ βίῳ ξυνέσπετο.
ΧΟ. ὦ πάτρας Θήβης ἔνοικοι, λεύσσετ', Οἰδίπους ὅδε,
ὃς τὰ κλείν' αἰνίγματ' ᾔδει καὶ κράτιστος ἦν ἀνὴρ, 1525
οὗ τίς οὐ ζήλῳ πολιτῶν καὶ τύχαις ἐπιβλέπων,
εἰς ὅσον κλύδωνα δεινῆς συμφορᾶς ἐλήλυθεν.
ὥστε θνητὸν ὄντ' ἐκείνην τὴν τελευταίαν ἰδεῖν
ἡμέραν ἐπισκοποῦντα μηδέν' ὀλβίζειν, πρὶν ἂν
τέρμα τοῦ βίου περάσῃ μηδὲν ἀλγεινὸν παθών. 1530

MOSAICO HERMENÊUTICO*

1. Apolo e Falso Oráculo

No *Édipo*, tanto Apolo quanto seus ministros são triunfantemente justificados e o ceticismo de Jocasta e Édipo, condenado. Sófocles dá suporte à religião tradicional contra ataques contemporâneos. A crítica aos oráculos era particularmente comum na época da guerra do Peloponeso. Oráculos falsos eram produzidos em larga quantidade, e o mercador de oráculo tornou-se referência no teatro cômico. Tucídides nos diz que só uma das profecias sobre a guerra do Peloponeso revelou-se verdadeira, e Eurípides, em seu *Filoctetes* (produzido em 431), afirmou que a profecia não passava de ilusão. Nessa atmosfera, Sófocles escreveu o *Édipo*, para defender o que era para ele, como para Sócrates, um dos fatos basilares da religião[1].

---

* Como a própria palavra *mosaico* sugere, o critério de seleção dos textos apresentados a seguir não se baseou numa ideia pré-concebida de unidade. Procurei não me restringir ao campo helenístico, incluindo autores que analisam a peça e o mito de Édipo do ponto-de-vista antropológico, filosófico, histórico, literário e psicanalítico. A dificuldade maior desse tipo de seleção se deve ao fato de a bibliografia sobre o tema ser vastíssima e proliferante. Apesar das lacunas inevitáveis, creio que as passagens que compõem a coletânea poderão despertar no leitor o interesse de reler o drama de Sófocles de ângulos diferentes.

1. T. B. L. Webster, *An Introduction to Sophocles*, The Clarendon Press, 1936.

2. Saber e Ruína Imerecida

Édipo Rei apresenta a degradação de um homem notável e próspero por causa dos deuses. Tal degradação é imerecida; não é uma punição por insolência, nem decorre, em última instância, de alguma falha de julgamento ou de caráter no homem. Os deuses exibem seu poder porque assim o desejam. Mas, uma vez que o exibem, o homem pode aspirar a uma lição salutar. Isso é mantido em suspenso até o final da peça, quando o coro, ou talvez o próprio Édipo, aponta a extensão de sua queda e comenta:

> Atento ao dia final, homem nenhum
> afirme: *eu sou feliz!*, até transpor
> – sem nunca ter sofrido – o umbral da morte.

... Após os eventos terríveis e mortificantes, esse final do *Édipo Rei* pode parecer um pouco sem graça. Contudo, ele proporciona um final tranquilo, tal como os gregos apreciavam, e é a conclusão de Sófocles sobre o que ocorreu anteriormente[2].

3. Trajetória do Herói Maravilhoso

Com o casamento e a ascensão ao trono, Édipo completa a trajetória do herói do conto maravilhoso. O conto maravilhoso normalmente termina nesse ponto. O herói no conto maravilhoso descende historicamente dos criadores originais da ordem do mundo, doadores da lei e fundadores da cultura. Assim foi, por exemplo, Gabis, o legislador do Tartesso: lançado às feras para ser devorado, é reconhecido mais tarde, ao retornar, pelas marcas em seu corpo e pelos traços faciais, herdando o reino de seu pai-avô; primeiro concede leis a seu povo, funda cidades, abole a escravidão, ensina o povo a arar a terra e a semear o trigo.

---

2. C. M. Bowra, *Sophoclean Tragedy*, The Clarendon Press, 1944.

O herói menos remoto não concede leis ou ensina o povo a arar, semear, forjar o metal. Tudo isso ele já encontra feito. O herói do conto maravilhoso somente ascende ao trono, não reina. Mas a estória de Édipo não pode se concluir com a ascensão ao trono; Édipo reina. Esse elemento do reinado entra relativamente tarde na evolução do conto, através da elaboração e extensão da apoteose do herói do conto maravilhoso. Édipo não só reina, como alcança as sublimes altitudes na condição de rei. Está próximo da divindade. "Édipo, cujo nome todos clamam" (8) é um rei-deus tal como Frazer descreveu em *The Golden Bough*. Ele pode salvar o povo da peste e ser o mediador entre deuses e homens.

...acaso um deus, um homem
não disse como nos mantermos vivos?
(42-3)

Do mesmo modo, na quarta ode o coro canta:

Com a hipérbole do arco,
lograste o plenifausto
do bom-demônio.
Por Zeus!
Tu abateste a Esfinge,
– a virgem de unhas curvas! –,
com seu canto-vaticínio.
Em prol da pátria então se ergueu
uma torre contra Tânatos.
E houve o clamor (também clamei):
Basileu!
Te coube a distinção extrema:
reinar em Tebas, a magnífica!
(1198-1203)

Traços de Édipo, o mágico-deus-rei-sacerdote, foram disseminados na tradição[3].

3. Vladimir Propp, "Édipo à luz do folclore" (original russo de 1944), incluído em *Oedipus, a Folklore Casebook*, Lowell Edmunds e Alan Dundes (eds.), The University of Wisconsin Press, 1983.

4. Função Demoníaca

Mas o que constitui a tensão dramática não é a descoberta em curso, impiedosa e inexorável, nem o jogo de esconde-esconde entre um destino que pertence ao passado e uma vítima que ainda nada pressente; tampouco é o jogo de ilusões que frequentemente se instaura no curso de um interrogatório, durante um julgamento; em resumo, não é nada do que caracterizou tantos dramas que têm como centro uma "descoberta". Schiller, com uma expressão desde então muito citada, definiu o *Édipo* uma "análise trágica" e disse: "Tudo existe de antemão, e vai apenas se desenvolvendo. Some-se a isso o fato de que o evento, enquanto irrevogável, é por sua natureza muito mais aterrador" (carta a Goethe, 2 de outubro 1797). Com esse juízo expresso em função de seu *Wallenstein*, Schiller fixou-se antes no aspecto formal do drama do que em seu núcleo essencial. Mas para Sófocles, como para os gregos de uma época precedente, o destino não é jamais algo pré-determinado, mas uma expressão espontânea da potência demoníaca, mesmo quando vem pré--dito e se cumpre num ordenamento imanente ao curso do mundo. O destino concebido como algo pré-determinado não existe antes de Stoa e da vitória da astrologia. O essencial no drama de Édipo não consiste na irrevogabilidade do passado que aos poucos se revela — uma afirmação como esta: "Mesmo se fosse possível, não poderia mais agir como gostaria" não faz qualquer sentido no *Édipo* —; o essencial nesta tragédia consiste na luta ativamente conduzida pela salvação, pela autoafirmação e pela defesa de toda uma existência humana prisioneira da aparência, tanto mais ameaçada quanto mais se sente ligada a uma grandeza humana superior; e do ponto de vista desse mundo e de sua ordem, sua "verdade" e preservação, as fronteiras entre ser e aparecer devem ser invertidas em relação ao que se mostravam no início. Diferentemente das outras tragédias gregas, o *Édipo* não é a tragédia do destino humano de que por tanto tempo foi considerada modelo; nela não tem lugar o contraste entre liberdade "sublime" e destino, como queria o classicismo alemão, mas a contraposição entre aparência e ser, "doxa" e "alétheia", como em Parmênides[4].

5. Ausência Divina e Livre Arbítrio

A ação da própria peça, portanto, é motivada pelo livre arbítrio do herói, que culmina no ato de auto-cegamento. Bowra tenta mostrar que é o *daímon* de Édipo que o dirige para essa ação, a fim de cumprir a vontade dos deuses; mas não há vontade dos deuses, no que concerne a Édipo, exceto pelo fato de que sua própria vontade possui uma força divina. Os olímpicos não desejavam sua queda; eles a predisseram. Dizer que os deuses são responsáveis, como faz Édipo, significa no máximo que eles permitem que a vida seja o que ela vem a ser. Os deuses nas *Traquínias* e no *Édipo* parecem pouco mais do que o poder animado da circunstância e símbolos do nexo fatal das limitações, em cujo âmbito o homem age e sofre. Quando Édipo grita "Apolo cumpriu esses males", está se referindo à concatenação completa dos eventos, incluindo o oráculo que simboliza seu destino total. O elemento inelutável não é um misterioso, remoto, Fado causal, ou a vontade de Apolo, mas a própria vida. Frente à predestinada necessidade de viver nesse mundo, Édipo agiu com livre vontade: "Ninguém, só minhas mãos golpearam", e fornece suas próprias razões. Ele ainda tem razões, e é livre para tratar a si mesmo como deseja[5].

6. Lance do Acaso

E antes de tudo a *týkhe*. Porque a *týkhe* que se opõe aos deuses e os nega, a *týkhe*-acaso, na época em que o *Édipo Rei* foi escrito, qualquer

---

4. Karl Reinhardt, *Sofocle* (trad. it. Maria Forgione), il melangolo, 1989.
5. Cedric H. Whitman, *Sophocles – A Study of Heroic Humanism*, Harvard University Press, 1951.

que seja sua data, da mais alta à mais baixa, não faz parte da linguagem comum: pertence a um círculo restrito de homens cultos, e é um conceito novo, atrás do qual há uma bem definida visão do mundo e das coisas; e a posição em que ela aparece nesta tragédia, em momentos de particular relevo, que são os momentos-chave da ação, exclui a hipótese de que Sófocles, tão "hábil" como é, a adotasse sem intenção e sem um objetivo preciso. E, na realidade, ele não o deixou oculto: com o uso sábio de algumas palavras, que aos ouvidos doutos tinham significado definido, indicou qual fosse o seu pensamento. Na boca de Jocasta, a menção de *týkhe* é ligada a *eiké dzên* ("viver ao léu", 979) que é uma expressão técnica, se não na forma, na substância. E na boca de Édipo? Releiamos o trecho: "Mas *paîda tês týkhes némon* ("nomeio a mim mesmo filho de *Týkhe*-acaso", 1080), daquela que leva o bem, *ouk atimasthésomai* ("não serei desonrado", 1081). Esta é a mãe de quem nasci, e os meses que comigo nasceram, *hoi dè syngeneîs mênes*, fizeram-me pequeno e grande[6]."

7. Ser e Aparência

A unidade e o conflito entre o Ser e a Aparência exercem originariamente no pensamento dos primeiros pensadores gregos uma força poderosa. Todavia é nas tragédias gregas que tudo isso vai receber a exposição mais alta e pura. Pensemos no *Édipo Rei* de Sófocles. Édipo, de início salvador e senhor da Cidade, no esplendor da fama e da graça dos deuses, vai sendo deslocado dessa aparência (*Schein*), que não constitui de forma alguma um parecer meramente subjetivo de Édipo a seu respeito mas a atmosfera, em que aparece a sua existência, até que se dê a re-velação (*Unverborgenheit*) de seu ser, como assassino do pai e desrespeitador da mãe. O caminho que vai daquele começo de glória até esse fim de horror, é um único embate entre a aparência (*Schein*) (velamento e dissimulação) e a revelação (o Ser). À Cidade está velado e oculto o assassino do então

---

6. Carlo Diano, "Edipo, figlio della Tyche", *Dionisio* 15 (1952).

rei Laio. Com a paixão de quem está na evidência do esplendor e é grego, empenha-se Édipo em descobrir esse velado e oculto. Passo a passo, tem que pôr-se a si mesmo a descoberto. Re-velação que só pode suportar, perfurando-se os olhos. Afastando-se de toda luz. Fazendo cair sobre si o véu da noite. Ofuscado e encoberto pela cegueira, põe-se a abrir todas as portas, a fim de aparecer ao povo como aquele que ele *é* mesmo[7].

8. *Édipo e Imperialismo Ateniense*

Édipo *tyrannos*, então, é mais que um herói trágico individual. Em seu título – *tyrannos* –, na natureza e base de seu poder, em seu caráter, no modo de sua ação dramática, ele se parece com Atenas, a cidade que pretendeu se tornar (e já estava prestes a consegui-lo) o *tyrannos* da Grécia, o rico e esplêndido autocrata de todo mundo helênico. Tal semelhança, reconhecida conscientemente ou não, lhe deve ter garantido a simpatia do público ateniense e engajado firmemente a emoção desse público na ação e no sofrimento do herói. Mas ela fez ainda mais. Acrescentou uma dimensão extra de significado não só a seu êxito, como também à sua queda, que sugere, em termos simbólicos, proféticos e enigmáticos, a queda da própria Atenas. Como Édipo, Atenas justifica a ação incessante e sempre mais vigorosa apelando ao sucesso prévio; como Édipo, Atenas recusa a se deter, transigir, voltar atrás; como Édipo, segue os ditames de sua energia e inteligência com suprema confiança no futuro; e, como Édipo – a tragédia parece sugeri-lo –, Atenas chegará a conhecer o malogro, a aprender a dizer "devo obedecer" como diz agora "devo dominar". Atenas, nas palavras de seu maior estadista, pretendeu ser um exemplo para os demais... Édipo também é proclamado um exemplo, mas em sua queda[8].

---

7. Martin Heidegger, *Introdução à Metafísica* (trad. bras. Emmanuel Carneiro Leão), Tempo Brasileiro-UNB, 1978.
8. Bernard Knox, *Oedipus at Thebes*, Yale University Press, 1957.

9. Inteligência Humana

Alguns leitores do *Édipo Rei* disseram-me considerar sufocante e opressiva a atmosfera da peça: sentem falta da exaltação trágica que experimentam na *Antígone* e no *Prometeu Prisioneiro*. Temo que meus comentários anteriores não ajudem a remover essa sensação, muito embora não seja uma sensação que eu partilhe. Certamente o *Édipo Rei* é uma peça sobre a cegueira do homem e a desesperada insegurança da condição humana: de certo modo, todo homem deve tatear no escuro como Édipo tateia, sem saber quem é e o que tem a sofrer; vivemos todos num mundo de aparência que oculta de nós quem-conhece-que terrível realidade. Mas certamente o *Édipo Rei* é também uma peça sobre a grandeza humana. Édipo é grande, não em virtude de uma grande posição no mundo – pois sua posição no mundo é uma ilusão que irá esvaecer como um sonho –, mas em virtude de sua força interior: força para perseguir a verdade a qualquer custo pessoal, força para aceitá-la e suportá-la quando encontrada. "Esse horror é meu", ele grita, "e ninguém além de mim é forte o suficiente para suportá-lo" (1414). Édipo é grande porque aceita a responsabilidade por *todos* os seus atos, incluindo os que são objetivamente mais aterradores, embora subjetivamente inocente.

Para mim pessoalmente Édipo é uma espécie de símbolo da inteligência humana, que não pode descansar até solucionar todos os enigmas – mesmo o último, para o qual a resposta é que a felicidade humana é construída sobre uma ilusão[9].

10. Maldição da Esfinge

A Esfinge, com um corpo alado "fêmea/macho", pertence ao mesmo repertório imaginário que outros monstros míticos, guardiões de tesouros ocultos. Entretanto, a Esfinge parece ser a única variante, comparável so-

---

9. E. R. Dodds, "On Misunderstanding the *Oedipus Rex*", *Greece and Rome* 13 (1966).

mente ao flamejante Arcanjo com sua espada protetora da Árvore de Vida, localizada no Paraíso junto à Árvore do Conhecimento. Os tesouros ocultos do monstro não são de ouro. Nesse caso específico, o fabuloso tesouro é intelectual: o conhecimento. O segredo oculto e cuidadosamente guardado é o Desconhecido do enigma sexual. Enquanto em outras estórias o dragão deve ser morto a fim de que o tesouro passe a mãos humanas, a Esfinge significativamente se mata quando seu segredo é quebrado na época da maturação. Édipo, o herói de pés-inchados, não mata o monstro pela força física, mas o derrota através da perspicácia e inteligência. A ansiedade primária, associada ao enigma sexual, configura o padrão de toda subsequente ansiedade que procede do Desconhecido, especialmente se alguma é confrontada com o enigma da existência e não-existência. O dragão assassino vira herói se ganha a batalha contra seu próprio monstro – contra a sensação de ansiedade e culpa que permanece oculta em suas fantasias inconscientes. A sabedoria psicológica dessas fantasias míticas consiste na percepção de que o desvelamento do enigma tanto quanto a aquisição do tesouro oculto é, em última análise, nociva ao homem. A maldição encontra-se no conhecimento que deriva da propensão, por um lado, aquisitiva, por outro, inquisitiva. Essa maldição é mais forte que o herói vitorioso. Todo herói assassino do dragão torna-se finalmente a vítima de sua vitória sobre as fantasias inconscientes. Édipo, exatamente por derrotar o monstro do Desconhecido, personifica, como veremos, o erro mais extremo, a derrota final do pensamento consciente auto evidente e a vitória da Esfinge, isto é, das forças psíquicas ocultas no Inconsciente e no Desconhecido do próprio eu. Ele é a vítima de sua enfatuação[10].

11. *Verdade Oculta e Unidade Dramática*

No curso de toda a peça, não obstante o que está ocorrendo, quaisquer que possam ser as intenções presentes, desejos e suposições dos

---

10. Theodore Thass-Thienemann, *The Subconciouss Language*, Washington Square Press, 1967.

diversos personagens, tudo quanto digam raivosos, triunfantes, deprimidos ou alarmados, um grande pensamento é sempre mantido diante do público: nenhuma das pessoas envolvidas (exceto o profeta cego e o velho pastor, evidentemente) tem a mais remota ideia da única verdade oculta, a verdade que remove todo significado do que fazem ou dizem. É essa visão, fornecida apenas para o público, que unifica as diversas ações e garante à peça sua celebrada concentração – a sensação de que tudo resulta de uma tremenda golfada, sem esquema prévio ou elaboração, sem uma única cena ou fala supérflua. Muitas coisas *parecem* acontecer, mas apenas uma acontece efetivamente. Sófocles consegue esse efeito de dois modos. Em primeiro lugar, coloca Édipo muitas vezes frente a frente com toda a evidência, somente para mostrá-lo descobrindo explicações e hipóteses que são de longe mais razoáveis e sensíveis do que a verdade. (Isso dificilmente decorre de uma falha estrutural da peça, como Voltaire e outros pensaram. É o que mantém o público ligado ao real problema). Em segundo, todos os personagens, mesmo os mais velhos, dizem coisas naturais e pertinentes, com base no que conhecem, mas que simultaneamente lembram o público da terrível distância entre a realidade e a compreensão que eles têm dela. A nós é dada, pois, uma dupla visão: a falsa, no plano humano, complexo e confuso; a verdadeira, no plano divino, apavorantemente simples em sua ação[11].

12. Tragédia e Crise Sacrificial

Tirésias, por seu turno, vai replicar. Diante da confusão crescente de Édipo, incapaz de levar a termo o seu inquérito, ele vai jogar o mesmo jogo que o outro. Tirésias ataca a autoridade de seu adversário para reafirmar a sua. "O que foi feito" – grita – "de tua habilidade para resolver enigmas?"

---

11. Thomas Gould, *Oedipus the King*, Prentice-Hall, 1970.

Cada um, no debate trágico, recorre às mesmas táticas, utiliza os mesmos meios, visa a mesma destruição que seu adversário. Tirésias coloca-se como defensor da tradição; é em nome dos oráculos desprezados por Édipo que ele o ataca; não avança menos uma mão ímpia contra a autoridade real. Os indivíduos são visados, mas as instituições, atingidas. Todos os poderes legítimos vacilam sobre suas bases. Todos os adversários contribuem com a destruição da ordem que eles pretendem consolidar. A impiedade de que fala o coro, o esquecimento dos oráculos, a decadência religiosa formam uma unidade com esse esgotamento dos valores familiares, das hierarquias religiosas e sociais.

A *crise sacrificial*, isto é, a perda do sacrifício, é a perda da diferença entre violência impura e violência purificadora. Quando essa diferença se perde, não há mais purificação possível e a violência impura, contagiosa, quer dizer, recíproca, se espalha na comunidade[12].

13. Ação de Apolo

Mas por que Apolo? Por que Édipo atribui o cumprimento de seus males, incluindo (se a passagem foi corretamente interpretada) seu próprio ato de auto-cegamento, a Apolo? Apolo é a presciência divina do que está fadado a acontecer. Também é um agente? Ou Édipo se ilude? Se é assim, trata-se de uma ilusão de que padeceram gerações de leitores. É certamente impossível ler a peça sem sentir que, de um modo mais ou menos incompreensível, Apolo está em ação; que o deus que conhece o que está fadado a ocorrer está seguro de que ocorrerá mesmo e, tendo ocorrido, está ciente de ter ocorrido. Mas Apolo está envolvido num plano mais profundo. Se ele está interessado na verdade de seus oráculos, o deus em cujo templo está inscrito o mote *gnothi sauton* ("conhece-te a ti mesmo") ocupava-se do autoconhecimento humano. É a seu próprio respeito que Édipo mais ignora e aprende a mais terrível verdade. É o

---

12. René Girard, *La violence et le sacré*, Grasset, 1972.

conhecimento humano e a inteligência em que ele tem total confiança e deve aprender como um é limitado e a outra, frágil. No momento em que a verdade aflora e os oráculos revelam-se verdadeiros, é com seguro discernimento que Édipo vê Apolo em ação. Ele continua para arrancar os olhos que lhe deram o conhecimento falível do mundo externo[13].

14. Rei Divino e Bode Expiatório

Venerado como um deus, inconteste senhor da justiça, tendo nas mãos a salvação de toda cidade, colocado acima dos outros homens, tal é a personagem de Édipo, o Sábio, que, no fim do drama, se inverte, para projetar-se numa figura contrária: no último degrau da decadência aparece Édipo – Pé-inchado, abominável poluição, concentrando sobre si toda a poluição do mundo. O rei divino, purificador e salvador de seu povo, encontra o criminoso impuro que é preciso expulsar como um *pharmakós*, um bode expiatório, para que a cidade, de novo pura, seja salva.

[...] se a oposição complementar com que Sófocles joga, entre o *týrannos* e o *pharmakós*, como nos pareceu, está bem presente nas instituições e na teoria política dos antigos, faz a tragédia outra coisa que apenas refletir uma estrutura já presente na sociedade e no pensamento comum? Cremos, ao contrário, que, longe de ser um reflexo dela, a tragédia a contesta e a põe em questão. Pois, na prática e na teoria sociais, a estrutura polar do sobre-humano e do sub-humano visa a melhor delimitar, nos seus traços específicos, o campo da vida humana definida no conjunto dos *nómoi* que a caracterizam. O aquém e o além se respondem como duas linhas que desenham claramente as fronteiras no interior das quais o homem se acha incluído. Ao contrário, em Sófocles, sobre-humano e sub--humano se encontram e se confundem na mesma personagem. E como essa personagem é o modelo do homem, todo limite que permitiria deli-

---

13. R. P. Winnington-Ingram, *Sophocles, An interpretation*, Cambridge University Press, 1980.

mitar a vida humana, fixar sem equívoco seu estatuto, se apaga. Quando ele quer, como Édipo, levar até o fim a pesquisa sobre o que ele é, o homem se descobre enigmático, sem consistência nem domínio que lhe sejam próprios, sem ponto de apoio fixo, sem essência definida, oscilando entre o igual a um deus e o igual ao nada. Sua verdadeira grandeza consiste naquilo que exprime sua natureza de enigma: a interrogação[14].

15. Rito de Iniciação às Avessas

Para os gregos, a criança, não ainda um membro da cidade totalmente civilizado, guarda certas afinidades com o mundo "cru" externo. Irracional, incapaz de falar, sem ainda dominar completamente suas funções corporais, ela é, como a fâmula diz nas *Coéforas*, "um animal". A maioria dos povos, entre os quais o grego, tem ritos de iniciação mais ou menos elaborados para marcar a passagem da infância para a maturidade, do reino selvagem para o civilizado. A autodescoberta de Édipo na peça é uma espécie de rito de iniciação às avessas. Enquanto a passagem da criança da infância para a maturidade é geralmente uma passagem do selvagem para o civilizado, da natureza para a cultura, Édipo, num conhecimento retrospectivo paralelo ao desenrolar da trama, move-se da maturidade para a infância, e simultaneamente de seu lugar seguro na casa e na cidade para a montanha selvagem que é, num certo sentido, seu parente (1092), "o lugar de onde nasceu" (1393). Sua condição anômala confunde as rotas normais da passagem geracional. A justaposição do "novo" ao "velho" no primeiro verso da peça e próximo do clímax do reconhecimento (916) ganha progressivamente um significado ameaçador. Quando o mensageiro coríntio pensa que está chamando Édipo de volta para o lar (100-5-6), ele, de fato, o está chamando de volta não para casa ou palácio mas para a estéril montanha[15].

14. Jean-Pierre Vernant e Pierre Vidal-Naquet, *Mito e Tragédia na Grécia Antiga* (trad. bras. Anna Lia de A. Prado, Filomena Hirata Garcia, Maria da Conceição Cavalcante), Perspectiva, 1999².
15. Charles Segal, *Tragedy and Civilization, an Interpretation of Sophocles*, University of Oklahoma Press, 1999².

16. Polissemia do Nome

O nome ou o substantivo (*onoma* em grego, como *nom* em francês, tem os dois sentidos), mais do que constituir meios estáveis de referência, classificação, diferenciação, no caso do Édipo reflete o estatuto incerto do próprio rei. O nome do rei é sobredeterminado, excessivo em sua significação. Édipo é o solucionador de enigmas e questões, o leitor de signos e mensagens: assevera querer investigar "todo *logos*" (291), em sua busca pelo assassino. Mas uma palavra, pelo menos, que Édipo não pode ler é seu próprio nome. O rei não pode ler o diferente, signos ambíguos de sua identidade ambígua que são colocados na peça pelo seu nome. O estatuto incerto do rei é marcado na incerteza de seu nome. O questionamento sofocliano da relação do homem com o conhecimento e a verdade é representado pelo caráter alusivo do *onoma*[16].

17. A Ignorância Necessária

A passagem (1237-86), terrível demais para ser encenada, parece também apavorante demais para ser representada na linguagem. Édipo, desejando transpassar o ventre de Jocasta com a espada, é conduzido por "algum deus" para onde possa abrir caminho através de duas portas (estremeço ao lembrar o belo tropo de Walt Whitman para a observação de uma mulher em parto, "reclino-me nas soleiras de estranhas portas flexíveis"). Deparando-se afortunadamente com o suicídio de Jocasta, a fim de não somar o crime contra a mãe ao parricídio e incesto, Édipo, golpeando repetidamente seus olhos com os broches de Jocasta, submete a julgamento não tanto o ato de ver quanto o que é visto e, assim, a luz pela qual vemos. Interpreto isso como seu protesto contra Apolo, que traz igualmente a luz e a praga. O tropo freudiano da cegueira pela castração parece-me menos relevante aqui do que o clamor contra o deus.

---

16. Simon Goldhill, *Reading Greek Tragedy*, Cambridge University Press, 1986.

O protesto contra Apolo é necessariamente dialético, uma vez que a arrogância e agilidade do intelecto de Édipo, que busca sem remorso a verdade, em certo sentido é também de Apolo. Isso deve significar que a queixa também se volta contra a natureza da verdade. Nessa visão da realidade, você conhecerá a verdade, e a verdade fará de você um insano. O que tornaria Édipo livre? Nada do que ocorre na peça – deve ser a resposta –, e não parece que se transformar num deus oracular mais tarde tampouco faz de você alguém livre. Se você não pode estar livre dos deuses, então não pode alcançar a liberdade, e mesmo agindo como se o seu demônio for o seu destino, isso tampouco o ajudará.

A surpreendente ignorância de Édipo quando o drama tem início é o *dado* da peça, e não pode ser questionado ou negado. Voltaire foi mordaz quanto a esse ponto, mas a ignorância do sábio e cultivado permanece uma antiga verdade da psicologia, e nos atormenta diariamente. Creio ser esta a verdadeira força do complexo de Édipo de Freud: não o sentido inconsciente de culpa, mas a necessidade de ignorância, a fim de que o princípio de realidade não nos aniquile. Nietzsche, antes do que Freud, é o guia mais verdadeiro para o *Édipo Rei*. Possuímos a mais alta arte, o drama de Sófocles e de Shakespeare, a fim de não perecermos em decorrência da verdade[17].

18. Relativismo e Pré-cognição

O drama de Sófocles declara abertamente o seguinte: se os deuses sabem de antemão que se verificará o assassínio do pai e o incesto com a mãe, demonstrar-se-á que eles não cometem erro, e o que depois ocorre *é* o assassínio do pai e o incesto com a mãe, ainda que nenhum ser humano tivesse ciência disso. E aqui vemos Édipo alinhar-se claramente ao lado de Apolo. Ele não procura dizer: "Mas eu ignorava tudo

---

17. Harold Bloom (edição e introdução), *Sophocles' Oedipus Rex*, Chelsea House Publishers, 1988.

isso e, portanto, *para mim* não se tratava de incesto", tampouco diz o que poderia ter dito com uma linguagem dos contemporâneos de Sófocles: "Que significado e importância tem o incesto?" Foi exatamente essa a questão colocada por Eurípides em seu drama sobre o incesto, *Éolo*: "O que há de vergonhoso, se não parece assim a quem o pratica?" (fr. 19). Protágoras havia de fato sustentado que tudo o que "é" é de um certo modo somente para quem parece, negando com isso o "significante universal", enquanto outros sofistas do tempo discutiam o estatuto arbitrário e mutável do *nomos*: "Se alguém pedisse que todos os homens levassem para um único lugar tudo o que considerassem vergonhoso e, depois, que erguessem do monte o que considerassem honroso, no monte todo não restaria nada" (*Dissoi Logoi* 2, 18). Não existe neste mundo nada de vergonhoso que não seja moralmente aceitável e portanto honroso, em algum outro lugar, de um ponto de vista diferente. O que dizer então do incesto praticado por pessoas que o ignoravam, para quem isso não "parecia" assim? A ode central do *Édipo Rei* pronuncia-se evidentemente sobre questões como essa, que está no centro de toda a tragédia. Não, afirma explicitamente o coro, os *nomoi* que regulam a pureza e a piedade religiosa (*euseptos hagneia*) são estabelecidos antes (*prokeintai*), "gerados através do *Aither* do céu"; o seu pai é o Olimpo, e um deus grande se manifesta neles; jamais se tornam "velhos" e superados. Essa ode dispõe com precisão o quadro em que se insere Édipo: ele se adequa ao que os deuses sabiam de antemão. A terrível queda de Édipo demonstra a veracidade da pré-cognição divina, demonstra a existência de uma inteligência que tudo compreende e envolve este nosso mundo, demonstra a função de "significante universal" e portanto o significado do universo. Essa demonstração vale o sacrifício, a queda desse homem com o qual nos identificamos a contragosto, Édipo. Édipo, embora sofredor, possui enfim o secreto orgulho dos que sabem[18].

18. Walter Burkert, *Origini selvagge, Sacrificio e mito nella Grecia arcaica* (trad. it. Maria Falivene), Laterza, 1992.

19. A Linguagem do Outro

A estrutura linguística implica várias facetas da outridade. Ninguém inventa a linguagem que fala, mas nós somos completamente tributários da linguagem enquanto outro que nós mesmos. Na interpretação lacaniana, o inconsciente, como o reprimido, funciona como a linguagem do Outro – isto é, como excêntrico ao discurso de um eu, da consciência, centrado em desejos (o nome do pai reprime, recoloca e desloca o desejo pela mãe) – a linguagem que é essencialmente dependente da relação dialógica (diálogo psicanalítico) a fim de emergir. Essa outridade da linguagem do inconsciente, Lacan lê no *Édipo*: o inconsciente de Édipo é configurado num discurso que é literalmente outro que ele mesmo – isto é, no discurso do oráculo.

Considero sugestiva e estimulante a ênfase de Lacan no processo linguístico e narrativo, por meio do qual o sujeito afeta a si mesmo em sua busca por dar um lugar, uma relação e um sentido à sua própria biografia. *Édipo Rei* é a fascinante encenação de narrativas intermináveis sobre pai e filho. A questão edipiana não concerne necessariamente ao desejo do sujeito por seus pais, mas antes a seu mal-entendido e mau reconhecimento de sua própria história. Assim, a situação edipiana na peça é responsável pelo mau reconhecimento da história de sua própria vida e pelo reconhecimento ao qual ele chega no momento da revelação. Para Lacan esse reconhecimento não tem a função constatativa que tem para Freud, mas performática: ao nomear seu desejo, o sujeito afeta a si mesmo com uma ação eficaz de análise. Ele endossa a sua nova história, toma responsabilidade pelo discurso do Outro em si mesmo, e simultaneamente encontra remissão na outridade[19].

---

19. Pietro Pucci, *Oedipus and the Fabrication of the Father*, Johns Hopkins University Press, 1992.

20. Nascimento Dionisíaco

Édipo tem um segundo ouvido depois do cegamento, em Colono. Mas já no *Édipo Rei* ele pode ouvir de outro modo. Exatamente na metade matemática do texto, em seu eixo, Édipo conta que no passado em Corinto, "o Acaso / impôs algo merecedor de espanto... Aconteceu de um ébrio, num festim / vir me chamar de filho putativo... aquilo / me aborrecia sempre, se insinuava" (776-86). Ele começou a ouvir a si mesmo diferentemente, e isso continuou a ecoar. Um ambíguo elemento dionisíaco está inconscientemente em ação. Muito disso estava presente em sua concepção, pois cabe lembrar que Laio concebeu Édipo à noite, bêbado. Existe um outro espírito paterno na natureza de Édipo como a montanha materna do Citero, um espaço dionisíaco também, que ressoa dentro e desfaz a inflexível trajetória de seu heroísmo.

Se nós imaginamos um segundo sentido no oráculo, então Laio poderia ter ouvido: "Olha teu filho atentamente, estuda seu coração, apodera-te dos seus caminhos, pois ele tem potencial para dar fim em ti. Ele é alguém que pode mostrar como tua vida finaliza, os desfechos de tua vida". O filho oferece um caminho diverso do pai. O filho é o potencial da mente que traça um segundo sentido. Ele *é* a geração seguinte, a compreensão gerativa além do literalismo do tipo de consciência do rei, que se enrijece em sentidos únicos quando as divisas de todo reinado são definidas, unindo num único domínio terra, Estado, povo, rei: *tirano*. A tirania da unidade[20].

21. Encontro com Jocasta Morta

Quando Édipo derruba as portas e "vê" finalmente o corpo de Jocasta em seu quarto, a primeira coisa que faz, depois de "livrá-la" da corda, é "arrancar de suas vestes os fechos de ouro que lhe serviam como adorno"

---

20. James Hillman, "Oedipus Revisited" in Karl Kerényi e James Hillman, *Oedipus Variations, Studies in Literature and Psychoanalysis*, Spring Publications, 1995.

(1268-69). Esta é a primeira das "coisas terríveis de serem vistas" (1267), descritas a seguir. *Peronai*, os fechos que prendem as vestes, não são meros "broches" decorativos, como a palavra é frequentemente traduzida. Sua remoção pode sugerir o gesto de desnudamento da rainha em sua "câmara nupcial" (*ta numphika*, 1242), enquanto ela "repousa ali" (1267), uma reatualização grotesca e horrível da primeira noite da união de ambos. Em decorrência desse ato, ele "golpeia os próprios olhos", conforme o verso seguinte. Assim como o corpo do rei permite que a verdade invisível se torne realidade ao invés de aparência, o corpo de Jocasta aponta para algo que permanece inacessível à visão e deve permanecer oculto.

Como mostrou Vladimir Propp, em narrativas populares desse tipo, a verdadeira identidade do marido/filho incestuoso é denunciada por uma cicatriz ou outra marca no leito durante a noite de núpcias. Jean Cocteau joga brilhantemente com esse motivo antigo da descoberta na noite nupcial em sua *Machine infernale*. Sófocles refreia esse reconhecimento até que ele possa conduzir apenas ao reconhecimento trágico da poluição indelével. O autor retém, todavia, o componente sexual desse conhecimento deslocando a união física para uma série de equivalentes simbólicos: a penetração na câmara fechada da rainha e a remoção dos fechos de seu corpo em repouso. Esses deslocamentos são, por seu turno, parte do alargamento temporal e da complexidade da ação, decorrente do modo como Sófocles opera normalmente o mito. Ele sobrepõe ações presentes ao passado remoto; funde, ou confunde, os eixos diacrônico e sincrônico. Ao aprofundar a perspectiva temporal através do motivo da descoberta e ao relembrar o passado há muito esquecido, também chama a atenção para o poder de representação do drama, através do qual uma simples ação que se desdobra à nossa frente no palco pode conter simbolicamente o sentido de uma vida inteira. No condensado arcabouço temporal da vida de Édipo, o dramaturgo encontra também uma imagem espelhada de sua manipulação do tempo na construção artística de sua peça[21].

---

21. Charles Segal, *Sophocles' Tragic World*, Harvard University Press, 1995.

CRONOLOGIA (a. C.)

497 – Nascimento de Sófocles em Colono.

494 – Nascimento de Péricles.

480-478 – O rei Xerxes da Pérsia é derrotado pela esquadra ateniense em Salamina.

480 – O persa Mardônio, cunhado de Xerxes, líder de um contingente de 10 mil persas e 70 mil aliados, é derrotado em Plateia pelos peloponésios e atenienses.

480 – Os persas incendeiam a Acrópole e massacram seus defensores.

480 – Nascimento de Eurípides.

478-477 – Fundação da Liga de Delos que, sob liderança ateniense, é criada para combater os persas. Inicialmente recebe tributo de 265 cidades gregas.

472 – Ésquilo encena *Os Persas*, drama sobre a vitória ateniense em Salamina.

470-469 – Nascimento de Sócrates.

468 – Sófocles ganha seu primeiro concurso dramático, com *Triptólemo*, derrotando Ésquilo.

463 – Ésquilo vence o concurso de tragédia com a trilogia *Suplicantes, Egípcios, Danaides*. Sófocles classifica-se em segundo lugar.

460 – O partido de Péricles consegue hegemonia em Atenas.

459-454 – Tentativa de conquista do Egito por expedições atenienses.
456 – Morte de Ésquilo em Gela, Sicília.
454 – Transferência do tesouro da Liga de Delos para Atenas.
450 – Nascimento de Aristófanes.
447 – Péricles inicia a construção de Partenon em Atenas.
442-441 – Representação da *Antígone*.
441-440 – Sófocles é eleito um dos dez generais, encarregados de reprimir a revolta da ilha de Samos.
438 – Morte de Píndaro.
432 – Fídias é acusado de roubar parte do ouro destinado à estátua de Atena. Comprovada sua inocência, o escultor sofre uma segunda acusação, desta vez por impiedade. Falece na prisão.
431 – Início da guerra do Peloponeso.
431 – Péricles profere a Oração Fúnebre, em honra dos mortos caídos no primeiro ano de guerra do Peloponeso.
431 – Tucídides inicia a redação da História da Guerra do Peloponeso.
431 – Representação da *Medéia* de Eurípides.
430 – Grande peste assola Atenas.
429 – Morte de Péricles, decorrente da peste.
429-425(?) – Representação do *Édipo Rei* de Sófocles.
428 – Nascimento de Platão.
424 – Sócrates participa da batalha de Delos entre Atenas e Beócia.
416 – Conquista da ilha de Melos por Atenas, que escraviza a população local e elimina os homens em idade adulta.
416 – Alcibíades vence a competição de quadrigas nas Olimpíadas. Eurípides dedica-lhe um epinício pela vitória.
415 – Derrota da expedição ateniense, comandada por Nícias e Alcibíades, em Siracusa.
415-414 – O poeta Diágoras de Melos é condenado à morte por ateísmo.
414 – Aristófanes encena a comédia utópica *As Aves*.
409 – Sófocles, aos 85 anos de idade, representa *Filoctetes*.
406-405 – Morte de Sófocles.

404 – Derrota de Atenas e fim da guerra do Peloponeso.
404-403 – Sócrates recusa-se a colaborar com o governo dos Trinta (grupo de oligarcas que domina por um período Atenas, arrasada pelos anos de guerra). Os tiranos impedem o filósofo de ensinar.
403 – Restauração da democracia em Atenas.
401 – Encenação póstuma de *Édipo em Colono*.
399 – Morte de Sócrates.

COLEÇÃO SIGNOS
HAROLDIANA

1. PANAROMA DO FINNEGANS WAKE • James Joyce (Augusto e Haroldo de Campos, orgs.)
2. MALLARMÉ • Augusto e Haroldo de Campos e Décio Pignatari
3. PROSA DO OBSERVATÓRIO • Julio Cortázar (Trad. de Davi Arrigucci Júnior)
4. XADREZ DE ESTRELAS • Haroldo de Campos
5. KA • Velimir Khlébnikov (Trad. e notas de Aurora F. Bernardini)
6. VERSO, REVERSO, CONTROVERSO • Augusto de Campos
7. SIGNANTIA QUASI COELUM: SIGNÂNCIA QUASE CÉU • Haroldo de Campos
8. DOSTOIÉVSKI: PROSA POESIA • Boris Schnaiderman
9. DEUS E O DIABO NO FAUSTO DE GOETHE • Haroldo de Campos
10. MAIAKÓVSKI – POEMAS • Boris Schnaiderman, Augusto e Haroldo de Campos
11. OSSO A OSSO • Vasko Popa (Trad. e Notas de Aleksandar Jovanovic)
12. O VISTO E O IMAGINADO • Affonso Ávila
13. QOHÉLET/O-QUE-SABE – POEMA SAPIENCIAL • Haroldo de Campos
14. RIMBAUD LIVRE • Augusto de Campos
15. NADA FEITO NADA • Frederico Barbosa
16. BERE'SHITH – A CENA DA ORIGEM • Haroldo de Campos
17. Despoesia • Augusto de Campos
18. PRIMEIRO TEMPO • Régis Bonvicino
19. ORIKI ORIXÁ • Antonio Risério
20. HOPKINS: A BELEZA DIFÍCIL • Augusto de Campos
21. UM ENCENADOR DE SI MESMO: GERALD THOMAS • Silvia Fernandes e J. Guinsburg (orgs.)
22. TRÊS TRAGÉDIAS GREGAS • Guilherme de Almeida e Trajano Vieira
23. 2 OU + CORPOS NO MESMO ESPAÇO • Arnaldo Antunes
24. CRISANTEMPO • Haroldo de Campos
25. BISSEXTO SENTIDO • Carlos Ávila
26. OLHO-DE-CORVO • Yi Sán^g (Yun Jung Im, org.)
27. A ESPREITA • Sebastião Uchôa Leite
28. A POESIA ÁRABE-ANDALUZA: IBN QUZMAN DE CÓRDOVA • Michel Sleiman
29. MURILO MENDES: ENSAIO CRÍTICO, ANTOLOGIA E CORRESPONDÊNCIA • Laís Corrêa de Araújo
30. COISAS E ANJOS DE RILKE • Augusto de Campos

31. ÉDIPO REI DE SÓFOCLES • Trajano Vieira
32. A LÓGICA DO ERRO • Affonso Ávila
33. POESIA RUSSA MODERNA • Augusto e Haroldo de Campos e B. Schnaiderman
34. RE VISÃO DE SOUSÂNDRADE • Augusto e Haroldo de Campos
35. NÃO • Augusto de Campos
36. AS BACANTES DE EURÍPIDES • Trajano Vieira
37. FRACTA: ANTOLOGIA POÉTICA • Horácio Costa
38. ÉDEN: UM TRÍPTICO BÍBLICO • Haroldo de Campos
39. ALGO : PRETO • Jacques Roubad
40. FIGURAS METÁLICAS • Claudio Daniel
41. ÉDIPO EM COLONO DE SÓFOCLES • Trajano Vieira
42. POESIA DA RECUSA • Augusto de Campos
43. SOL SOBRE NUVENS • Josely Vianna Baptista
44. AUGUST STRAMM: POEMAS-ESTALACTITES • Augusto de Campos
45. CÉU ACIMA: UM TOMBEAU PARA HAROLDO DE CAMPOS • Leda Tenório Motta (org.)
46. AGAMÊMNON DE ÉSQUILO • Trajano Vieira

COLEÇÃO SIGNOS

47. ESCREVIVER • José Lino Grünewald (José Guilherme Correa, org.)
48. ENTREMILÊNIOS • Haroldo de Campos
49. ANTÍGONE DE SÓFOCLES • Trajano Vieira
50. GUENÁDI AIGUI: SILÊNCIO E CLAMOR • Boris Scnhnaiderman e Jerusa Pires Ferreira (orgs.)
51. POETA POENTE • Affonso Ávila
52. LISÍSTRATA E TESMOFORIANTES DE ARISTÓFANES • Trajano Vieira
53. HEINE, HEIN? POETA DOS CONTRÁRIOS • André Vallias
54. PROFILOGRAMAS • Augusto de Campos
55. OS PERSAS DE ÉSQUILO • Trajano Vieira
56. OUTRO • Augusto de Campos
57. LÍRICA GREGA, HOJE • Trajano Vieira
58. GRAAL, LEGENDA DE UM CÁLICE • Haroldo de Campos

Este livro foi impresso na cidade de Cotia,
nas oficinas da Meta Brasil,
para a Editora Perspectiva